心一堂彭措佛緣叢書·達真堪布仁波切開示系列

# 生活中的六度波羅蜜
## ——六種行為使你不再平凡

達真堪布　著

Śūnyatā

書名：生活中的六度波羅蜜─六種行為使你不再平凡
系列：心一堂彭措佛緣叢書・達真堪布仁波切開示系列
達真堪布　著
責任編輯：陳劍聰

出版：　心一堂有限公司
地址/門市：香港九龍旺角西洋菜南街5號好望角大廈10樓1003室
電話號碼：(852) 6715-0840
網址：www.sunyata.cc　publish.sunyata.cc
電郵：sunyatabook@gmail.com
心一堂 彭措佛緣叢書論壇：http://bbs.sunyata.cc
心一堂 彭措佛緣閣：　　http://buddhism.sunyata.cc
網上書店：　　　　　http://book.sunyata.cc

香港及海外發行：香港聯合書刊物流有限公司
香港新界大埔汀麗路36號中華商務印刷大廈3樓
電話號碼：(852)2150-2100
傳真號碼：(852)2407-3062
電郵：info@suplogistics.com.hk

台灣發行：秀威資訊科技股份有限公司
地址：台灣台北市內湖區瑞光路七十六巷六十五號一樓
電話號碼：+886-2-2796-3638
傳真號碼：+886-2-2796-1377
網絡書店：www.bodbooks.com.tw
心一堂台灣國家書店讀者服務中心:
地址：台灣台北市中山區二〇九號1樓
電話號碼：+886-2-2518-0207
傳真號碼：+886-2-2518-0778
網址：www.govbooks.com.tw

中國大陸發行 零售：心一堂 彭措佛緣閣
深圳流通處：中國深圳羅湖立新路六號東門博雅負一層零零八號
電話號碼：(86)0755-82224934
北京流通處：中國北京東城區雍和宮大街四十號
心一堂官方淘寶流通處：http://sunyatacc.taobao.com/

版次：二零一六年九月初版

平裝

　　　　港幣　　　一佰一十八元正
定價　　新台幣　　四佰九十八元正

國際書號　978-988-8317-29-5

# 目錄

（一）生活中的布施波羅蜜　　　　　　1

（二）生活中的持戒波羅蜜　　　　　　21

（三）生活中的安忍波羅蜜　　　　　　49

（四）生活中的精進波羅蜜　　　　　　75

（五）生活中的禪定波羅蜜　　　　　　103

（六）生活中的智慧波羅蜜　　　　　　127

生活中的六度波羅蜜

# （一）生活中的布施波羅蜜

有因才有果，我們要成佛，就要有成佛的因。那成佛的因是什麼？就是發菩提心。若是沒有發菩提心，沒有發利他心，無論做任何善事都無法成為解脫成佛的因。什麼是解脫、成佛？解脫，是要解脫煩惱，解脫痛苦；成佛，是要福德和智慧達到圓滿，就是人生要達到圓滿。

要解脫，要成佛，就要發菩提心，發利他心，發利益眾生的心。菩提心有願菩提心和行菩提心，一個是剛才我們念的：「為度化一切父母眾生要發誓修持成佛。」這是願菩提心。我們要解脫，要成佛，但不是為了自己，而是為了眾生。因為只有自己解脫了，才可以幫助眾生解脫，這是「自覺覺他」；自己成佛了，圓滿了，才可以幫助眾生圓滿，這是「自度度他」。之前你沒有能力做到。所以自覺覺他、自度度他就是利他心。

我們要解脫，要成佛，這個心是不是菩提心？不是。

生活中的六度波羅蜜

我們解脫成佛是為了眾生，這個心才是菩提心，才是利他心。我們要解脫，要成佛，但這是為了眾生，不是為了自己，這樣才能解脫，才能成佛，這叫發菩提心。因為自私自利是一切煩惱、痛苦的根源。發利他心，利益眾生，是一切快樂、幸福的根源。我們求解脫，求成佛，不是為了自己，而是為了眾生。

「為早日圓成佛道要精進認真聞思修行。」要解脫，要成佛，就要精進、認真地聞思修行。這是行菩提心。這兩個，一個是願菩提心，一個是行菩提心。願菩提心有三個學處：自他平等、自他交換、自輕他重；行菩提心有六個學處，即六波羅蜜：布施波羅蜜、持戒波羅蜜、精進波羅蜜、安忍波羅蜜、禪定波羅蜜、智慧波羅蜜。我們要解脫，要成佛，就要發菩提心，利益眾生，就要修持六波羅蜜。

六波羅蜜的第一個，是布施波羅蜜。布施是對治慳貪的，慳是吝嗇，貪是貪心。布施可以對治吝嗇心，

對治貪心。要對治貪心，對治吝嗇心，就要修施捨心，不吝嗇、不貪心就可以了。布施分財布施、法布施和無畏布施。

第一個是財布施。財布施就是財物布施，我們做財物布施，有機緣時就要拿出自己擁有的財富來做布施，主要是為了斷除我們對財物的吝嗇心、貪心。「布施波羅蜜」，波羅蜜是智慧的意思，有智慧的攝持，布施才是布施波羅蜜，否則就不是。

我們今天做布施，要成為成佛的因，需要有智慧的攝持。有智慧的攝持，布施才可以成為成佛的因；有智慧的攝持，布施才能對治貪心和吝嗇心。布施需要有智慧，上供也好，下施也好，都不能盲目做。否則，不但沒有功德，反而還有罪過。

佛法裡主要強調的是什麼？強調的是智慧。什麼叫布施的智慧？就是布施要理性地做，適當地做，如法地做。這樣心裡不會有任何壓力，更不會有任何障

礙。但我們現在做布施，做不行，不做也不行──做了，但心裡沒有放下；不做，心裡還有障礙。

「是啊，我學修六波羅蜜，首先要學修布施波羅蜜。那我的財物是不是都要拿來做布施啊？」不是。要適當地做，有智慧地做，理性地做，這樣心裡就沒有障礙了。其實一切都是因緣。這些機緣也好，條件也好，都是自自然然的；上供也好，下施也好，也都是自自然然的。因緣到了，你就要做布施，這個時候心裡要放下。要明白，你為什麼做布施？因為是以前欠的，現在該還了。有這樣的因緣和合，是很自然的。若是你深信了因果和輪迴這些道理，深信了緣起性空這些道理，心裡就不會有任何障礙了。到時候了，都是應該的，沒有不應該的。若是不做不行，做了心裡還不是很亮堂，很歡喜，這就說明你還是沒有放下貪心，沒有放下吝嗇心。

其實上供下施，你特意做或不做，都不是很如法。

自自然然地做，才是真正如法的。我們經常講「隨緣而做」，什麼叫「隨緣而做」？就是緣來了就去做其實，我們現在也有很多機緣，比如為父母、為兒女付出的這些：你侍候他們也好，給他們東西也好，給他們錢財也好，都可以變成供養，也可以變成布施。若是你有高的境界，你知道眾生都是佛菩薩，以這樣的恭敬心而捨，就是供養；若是你認為這些眾生，都是和自己最有緣分的，以這樣的心態去捨，就是布施，其實這兩個都一樣，就是一種轉念。

　　若是自己有智慧，懂得因果，深信因果，懂得緣起法，深信緣起法，就會知道，做到這些都是很容易的。我們經常講了緣、了債、了生死，只有你心甘情願地做這些，才能了緣，才能了債，才能了生死。如果你給他們東西了，為他們付出了，但心裡還是放不下，說明你還是有吝嗇心，有貪心。這樣做布施，既了不了緣，也還不了債。

其實真正的布施就在我們的日常生活當中，無論是上供，還是下施，一切都自自然然地做，就是布施波羅蜜。今天你去奉獻，去付出，對你來說也是一個積累資糧的機會，應該是件高興的事，「今天我要為他們付出，為他們奉獻，這是個積累資糧的機會，我應該高高興興地做。」我們說上師三寶是福田，其實一切眾生也是福田，在這個福田裡，我們可以做布施，做施捨。

剛才講，這也是自己的因果，是自己前世欠的債，現在該還了。佛在三世因果裡講過，你為他們做這些事情不是無緣無故的。為什麼今世你們會成為一家人？為什麼他們會成為你最親的人？這是有原因的。若是你懂得因果了，深信因果了，就沒有什麼想不通的了。你現在為他們付出，是自己前世欠的債，現在要還了。

同時，成佛要修持布施波羅蜜，這對自己來說也是種福田的機會，所以不能戀戀不捨，對自己的付出

心裡不能有障礙。若這些事情不能不做，但做了心裡還放不下，這不是自己給自己製造障礙嘛！如果你意識到了這是自己的因果，是自己積累資糧的機會，就會高高興興地去奉獻、付出，這才叫真正的奉獻、付出，因為這裡沒有自我的成分，不是因為他們是「我的」什麼什麼，不是由「我」帶動的。佛經常講「破我」，「破我」就是破除我執，放下自我，因為「我」不是事實存在的。也許這些道理我們現在很難明白，但是你這樣去發心就行了。

剛才講了利他心。什麼叫利他心？「因為他們是與我有緣的眾生，都是向我討債的，我欠債了就得還，這是理所當然的。」以這樣的心態去奉獻，去付出，不能埋怨，更不能求回報。但我們現在是有要求，求回報的。若是你真正懂得了道理，還提什麼要求啊？還求什麼回報啊？這是你理所當然應該做的——你自己欠的，就得還啊！

就像我經常講的，修行首先要明白基礎的佛理，要深信輪迴、因果這些最基本的道理。如果你沒有懂得六道輪迴、三世因果這些道理，要做到這些很難；否則，很容易就能做到。我們在六道輪迴的過程中，自己種下的因，自己結下的緣，現在因緣成熟了，到時候了，該了了……這樣想，心態就放下了。而且這也是給自己積累資糧的良好機會，都是給自己做的，不是給別人做的。要明白這個道理。

我們經常說：「我做這些是在為家人，為單位奉獻、付出。」其實不是，都是為了你自己。因為有付出就有回報。因果是不虛的，如是因，如是果。這樣想，我們就應該感恩對方——感恩我們的家人，感恩我們的社會，因為這些都是我們積累資糧的對境。沒有這個家，沒有這個社會，我們到哪裡去奉獻，去付出呢？

什麼叫貪心？什麼叫吝嗇心？我們現在雖然付出了，奉獻了，但心裡還是放不下，總是不舒服，這叫

吝嗇心，這叫貪心。對兒女也好，對父母也好，該侍候的侍候了，該給的也給了，但心裡還不是很舒服。「我給的太多了，付出的也太多了……」這種觀點是錯誤的，說明我們還是沒有深信因果。如果真的深信因果了，就會知道，有多大的付出有多大的奉獻，就有多大的回報。我們不是要求回報，但它自自然然就有了。就像我經常講的，火點燃了，灰自然就有，因為佛講的因果是不虛的，不假的。這樣想，心裡就沒有障礙了。這叫「有智慧就有方便」——有智慧了，就都變成善巧方便了。這樣，心裡就沒有煩惱了。

現在有很多人覺得，是不是要把自己所有的財物都拿出來做布施？也有人這樣想：「我自己活着的時候把所有的財物都處理好，死了才安心……」這還是沒有放下，還是在貪婪，還是在吝嗇。其實你真正放下了，就沒有什麼了。你死之前，這些財物是否處理好都一樣。如果沒有處理好，你突然走了，這些財物

生活中的六度波羅蜜

該歸誰，誰就能得到——因果是自然規律，誰也沒有辦法操縱它。佛講的輪迴、因果，都是自然規律。該是你的就是你的，該是他的就是他的。還有人說東西不能浪費，意思是自己吃掉了，用掉了，才叫不浪費。若是給別人吃了，用了，就叫浪費了。這種想法也是錯誤的。其實這些東西自己該用就用，給別人用也是應該的。

作為一個真正的修行人，應該是有智慧的人，應該做什麼都是自自然然的。我們有一句法語：「覺得一切都是正常、應該的時候，才是真正開悟了，才是真正放下了。」沒有不正常的，來去，生滅，好壞，聚散，一切顯現都是很正常的，都是自自然然的，不要去分別、執着——意思是讓它自自然然地發生，然後去接納就行了。一切都是應該的，沒有不應該的，都是因緣和合。布施波羅蜜也應該這樣。

以上講的就是在日常的生活中，應該怎樣做財布

施，如何為家人、為社會奉獻和付出。不是要特意去做很多，而是該做的時候做。什麼叫奉獻、付出？若是你真正把自我放下了，就是奉獻和付出。

我們也可以站在因果的角度講：「不是我在幫助他們，也不是我在為他們做事，而是這是我欠他們的，現在在還，都是我應該做的。」這種心才是無私的。「我要去幫助他們，我要去付出。」這還是以我為主，還不是真正的奉獻，真正的付出。真正的奉獻、付出，就是為家人、為社會做什麼事都是應該的，而且還要懷有感恩心。為什麼要這樣？「因為這也是我積累資糧的機會，是眾生在給我機會，家人在給我機會，社會在給我機會，我要積累資糧。若是我不積累資糧，怎麼能圓滿？怎麼能成就？」這樣想就應該感恩。以這樣的心態做才是真正的奉獻，真正的付出，這樣才能了緣了債，大家要明白。

我們奉獻、付出的時候，心態很重要。心態要放平，

內心要清淨，這樣才能了緣了債。其實，我們做布施也好，做其他的事情也好，真正做的時候，要等機緣，機緣成熟的時候再去做。做的時候心裡要明白：這是自己應該做的，也是自己積累資糧的機會，以這種心態去做，這樣，父母、兒女、同事、領導等，都是我們做布施的對境。我們為家人、為單位、為社會所做的任何事，都可以成為布施。明白這個道理，非常重要啊！

做布施重在心態，不在形式。但我們以前做的布施都重在形式，在形式上不用特意去做，但是，你要轉念，你要明白因果，懂得緣起。明白了這些，就知道一切都是應該的，都是自自然然的，沒有別的。現在存在的問題是，我們在家裡，在單位，沒有發菩提心，也沒有真正的奉獻和付出。

「怎麼沒有呢？我對家庭，對單位，對社會是真正的付出，真正的奉獻啊！」其實，我們只是為了那

麼點工資和利益而已，根本沒有奉獻和付出的發心。今天我為什麼要講布施呢？就是想讓大家把念轉過來，不能再這樣了。

在前面，我們講菩提心的時候講過，在家裡你為家人也做了很多，但都是因為他們是「我」的家人，「我」的孩子，還是由「我」來帶動的，還是以「我」為主的。若是把「我」去掉，家人有的是，孩子有的是，你這樣愛過他們嗎？你這樣為他們付出過嗎？沒有吧！還是因為「我」。

那現在怎麼辦？剛才講了，現在要為眾生，為這些與你最有緣的眾生，為了他們你要付出，要奉獻。雖然都是眾生，但是不一樣。你的家人也好，周圍的人也好，為什麼與你的關係這麼密切？這都是有原因的。他們都是與你最有緣的眾生，最需要你的眾生。所以應該「我要為他們奉獻，為他們付出。為他們做一切都是應該的，是我欠的，就應該還。」

眾生也都是你積累資糧的對境，你這樣去奉獻和付出，也是在積累成佛的資糧，由此，我們還要感恩這些眾生。能以這種心態去做布施，心裡就沒有煩惱了。

我們在單位也是一樣，以這種心態去工作，也是財布施，對自己來說也是在積累資糧，所得的工資和利益都不用求。

在生活中，很多東西我們都可以用來做財布施。比如，我們洗臉、洗澡用的水，我們吃剩的東西等時時刻刻都發利他心和施捨心，去對治自己的貪心和吝嗇心，就是財布施。

法布施。如果我們有能力的話，要轉法輪，講經說法；若是我們現在沒有這個能力，就可以將我們所做的、所修的這些善根迴向給眾生。善根迴向是一種很好的布施，也是一種希望，能增長自己的善念；我們也可以給眾生默默地念一些咒語，方便時也可以出聲念。這是給他們種善根，結善緣，很多眾生都能聽到，

聽到了就是聞解脫。什麼是聞解脫？就是一聽聞就能種下解脫的善根，但不是一下子就可以解脫，而是終有一天能解脫，只是時間的快與慢不一樣。

我們在做法布施的時候，一方面是在培養自己的利他心，另一方面是在對治自己的私心。我們為眾生念誦咒語或佛號，為他們種下善根，將來他們的善根就會成熟，那時，他們也會行善。我們在念佛號或咒語的時候，心裡可以這樣想：願所有的眾生都能聽到我念誦的聲音。。為什麼有眾生的存在？我們為什麼能做布施？因為是真空，是妙有，否則，眾生不能存在，我們更不能做布施。有這樣的空性見解攝持三輪，就是三輪體空。其實你真正明白了這個道理，一點都不難，你不明白的時候有點難。剛才講了，做布施的時候有智慧的攝持，真正無私地去奉獻、付出，這樣就成為波羅蜜了，就是到達彼岸的因了。

從現在開始，我們可以做布施波羅蜜。

我們的一舉一動、一言一語，包括每個起心動念都可以變成布施波羅蜜。這樣，我們時時刻刻都在行持布施波羅蜜。就是要放下心態，一切都要保持自然，這樣你就不煩惱，不討厭了。

　　把布施波羅蜜落實到生活、工作中，我們的生活、工作都可以變成布施波羅蜜，這樣修行成就才快。不然，你那樣坐着，觀修一個小時，很難成就啊！「不是要觀修嗎？不是要觀金剛薩埵，要觀想阿彌陀佛嗎？」是，但你這樣觀不出來啊！若是你平時不修煉自己的心，不轉變自己的心態，觀不出來。若是你的心態放下了，心清淨了，心就不散亂了，自然就能觀出來了。

　　現在有的人就觀不出來。為什麼觀不出來？就是因為心裡不清淨，心在散亂。有的人即使觀出來了，也不一定是佛，也不一定是真正的金剛薩埵佛。你的心裡清淨了，心定了，佛也就顯現了，戒定慧也就圓滿了。你要觀想出來佛，或者要見到佛，要有智慧。

雖然你有肉眼，但見不到佛。佛講了五種眼，你想見佛，想看見佛，應該以法眼、以慧眼才能見到。只靠肉眼見不到佛，見佛和肉眼沒有關係。

假設今天這裡有個盲人，他若是能真正觀想，若是有竅訣，他也能觀到佛，也可以見到佛。他沒有肉眼，為什麼可以見到佛？為什麼可以看到佛？因為要見到佛，要看到佛，要靠法眼、慧眼、佛眼。

為什麼說戒定慧？先有戒才有定，有定才有慧。什麼意思？戒是相續清淨，定是心不散亂。你相續清淨了，心才不會散亂；若相續沒有清淨，心就定不下來。相續越清淨，心越能定下來；心越能定下來，智慧越能增長，最後戒定慧會成為一體。心徹底清淨的時候，才能徹底定下來；心徹底定下來了，本具的智慧就會突然顯現。這個有過程，也沒有過程——先有過程，後沒有過程。

什麼意思？對現在的我們可能有過程，因為是以

分別心。最後為什麼說沒有過程？因為那個時候是以無分別心。無分別心的時候，戒定慧沒有過程，都是一體的，就是一瞬間，戒既是定，也是慧，也是覺。所以現在我們修法裡有很多觀想，都要靠我們平時對心的修煉——要修煉心，磨練心態，最後才能真正觀出來。

所以，大家要實在一點，不要搞得那麼高深。其實真正的修行都在生活當中，一切都可以變成布施波羅蜜。所以要深信因果，深信緣起法，你真正證悟空性的時候，一切緣起法，一切顯現都是自自然然的。

布施波羅蜜，要落實到生活中，落實到工作中，現在就要開始去做，去修了。這樣一步一步地做，你的成就真的就快了。所以我經常講，修行和生活不要脫節，就要在生活當中，工作當中去落實，去做。

不知道大家有沒有聽明白。我今天所講的就是如何在生活當中修持布施波羅蜜。因為我們現在雖然也

在奉獻，也在付出，但都不是特別明理，都沒有變成
布施波羅蜜。

# （二）生活中的持戒波羅蜜

發菩提心是大乘佛法的基礎。大乘佛法分顯宗和密宗。我們現在在修大圓滿法，這是大乘佛法，而且是密宗，需要有菩提心的基礎。

是世間法還是出世間法，是大乘法還是小乘法，不是以法來安立和區分的，而是以我們學佛人的發心、見解來安立和區分的。比如說，你修的法是出世間法，但是你沒有出離心，這樣，這個法就會變成世間法；你修的法是大乘法，尤其是金剛乘大圓滿法，若是你沒有發菩提心，法就不是大乘佛法，而可能是世間法或是小乘法；若是你連出離心都沒有，法就是世間法了；若是有出離心的攝持，但是沒有菩提心的攝持，法就會變成小乘法。雖然你所修的法是大乘法，是大圓滿法，但若是你自己的發心、見解沒有到這個層次，這個法也會變成小乘法。所以要發菩提心。

　　這裡講的菩提心主要指世俗諦菩提心，就是利益眾生的發心。世俗菩提心分兩個：一個是為了度化眾

生要發誓修持成佛，這樣的決心就是願菩提心；為了這樣的目的，為了達到這樣究竟的果位，自己發誓修持菩薩的學處，即六波羅蜜，這個決心叫行菩提心。這裡主要是按龍欽巴大士的觀點，將世俗諦菩提心分為願菩提心和行菩提心。願菩提心是為果發的誓，行菩提心是為因發的誓。

為果發的誓是什麼意思？就是為了成佛發的誓。果是成佛，就是成就佛果。為了度化眾生，發誓要成佛，這樣的決心叫願菩提心。為因發的誓，就是為了成佛的因發的誓。那什麼是成佛的因？就是菩薩的學處，即六波羅蜜。為了早證菩提，為了早日成佛，發願、發誓修持這些成佛的因，即六波羅蜜，這就是行菩提心。

我們已經發誓了，已經發願了，現在要開始去學修。願菩提心的學處有三個：自他平等、自他交換、自輕他重。通過這三個修法，最後能真正圓滿願菩提心。

其實，菩薩的學處是無量無邊的，有很多不可思

議的學處，但是總集起來，都在行菩提心的學處六波羅蜜當中。

　　昨天主要講的是布施波羅蜜，就是在我們的日常生活中怎樣去實現，怎樣去修持布施波羅蜜。無論什麼時候，在家裡也好，在單位也好，若是能心甘情願地去做，我們的一切付出都可以變成布施波羅蜜。你在家裡也好，在單位也好，為他們做事，為他們奉獻和付出的時候，若是心不甘，情不願，都不能成為布施波羅蜜。

　　若是你懂得因果，深信因果，懂得緣起性空這些道理，就會知道這些奉獻和付出都是很正常，很應該的，以這樣一個平靜的心態去做，這些奉獻和付出都可以變成布施波羅蜜，這樣才能真正對治吝嗇心和貪心。布施主要是修施捨心，你處處能發一個施捨心，能這樣奉獻，就是布施波羅蜜。

　　今天講持戒波羅蜜。戒是淨，心態要清淨。若是

生活中的六度波羅蜜

心裡清淨，都是在持戒，都可以變成持戒波羅蜜；若是心裡不清淨，心態不清淨，雖然在表面上受戒持戒，但實際上還是沒有成為持戒波羅蜜。所以戒是淨，以正知正見使自己的身口意三門保持清淨，就是持戒波羅蜜。

這裡有三個戒：斷惡行戒、行善法戒和饒益有情戒。第一個和第二個是斷惡行善，就是佛講的「諸惡莫作，眾善奉行。」「諸惡莫作」即斷惡的意思，「眾善奉行」即行善的意思，就是要斷惡，要行善。

我們要斷惡，要行善，首先要明白什麼是善，什麼是惡。如果你不知道什麼是善，也不知道什麼是惡，怎樣取捨善惡呢？所以首先要明白善惡的標準。善惡的標準有很多，有世間一般的善惡；在佛法裡，小乘、大乘、顯宗、密宗，不同層次裡有不同的善惡標準，這是很重要的。

「世間一般的善惡」是什麼意思？是既沒有出離

心的基礎，也沒有菩提心的攝持，然後做一些善事，不造惡業，這就是一般的善惡。很多人有一些世間的福報，有錢，有權，有名氣，有榮譽等。這些福報是他前世修來的。他前世做善事了，今世就有這些善果。但是，他雖然有錢，有權，有名氣，有榮譽，但是離不開煩惱，離不開痛苦，煩惱依舊，痛苦依舊，甚至煩惱更多，痛苦更大了。若是做世間普通的、一般的善事，果報就是這樣的。若是不去造惡業，就可以不墮落三惡道。

我們不說天界眾生，只講人類，即人道。人道是什麼？就是前世做善事了，今世才投生到人道。人道屬於上三道。從世間的角度講，這是種福報。但是他雖然得到了人身，也有一些福報，可依然是煩惱的、痛苦的。現在社會上有很多人，願意做一些善事，比如做慈善、做義工等。包括我們這些學佛人中，也有些人既不修出離心，也不發菩提心，就願意做這些善事。

今世不造惡業，這樣做善事，將來可以得到什麼樣的果報？來世可以投生到上三道，即人道、阿修羅、天道。

阿修羅是挺有福報的，天人的福報就更大了，人的福報差一些。人間再大的福報，都沒有辦法和天界的眾生比，連阿修羅的福報都超越了人的福報，都比人的福報大。但天界的眾生也一樣有煩惱，有痛苦，阿修羅就更痛苦了。人也是離不開煩惱和痛苦的。這是世間一般的、普通的善的果報。

佛法裡講的善是什麼？佛法裡講的善，最低層次是小乘裡講的善。解脫成佛的途徑分遠道、近道和捷徑道三個。小乘是遠道，成就的果位是阿羅漢，是三種果位當中最低的果位。小乘裡，若是為了世間，所做的一切都是惡；若是為了解脫，所做的一切都是善——這就是出離心。出離心是指對世間沒有任何貪戀，日日夜夜求解脫。上三道的眾生雖然有福報，但是為什麼沒有擺脫煩惱和痛苦呢？因為有貪心和欲望。

現在我們就要斷除貪心和欲望。什麼是善，什麼是惡？快樂的因叫善，痛苦的因叫惡。若是你有貪欲，對世間法有貪心，有欲望，就有煩惱，有痛苦，所做的一切都是煩惱、痛苦的因。什麼叫六道輪迴？這就是六道輪迴。有貪心，有欲望就會造業；有業力的牽引，就叫輪迴。

若是沒有貪心，沒有欲望，沒有業力的牽引，雖然也在六道裡，但是不屬於輪迴。《普賢行願品》裡講的：「猶如蓮花不著水，亦如日月不住空。」佛菩薩也在六道裡——餓鬼道裡，旁生道裡，地獄道裡都有佛菩薩，天界、人間也有佛菩薩，但是他們不屬於輪迴。為什麼說輪迴苦？因為有業力的牽引。業力是怎麼來的？是由貪心和欲望造成的。有貪欲就會造業，造業了就有業力的牽引，就要六道輪迴。為什麼有業力的牽引就要輪迴，而輪迴是苦的呢？因為有業力的牽引，我們是不自由的，自己做不了自己的主。

我們投生在何種家庭，是沒有自由的。而轉世的人中，有佛菩薩再來，他們是有權利選擇的。在中陰界的時候，他們自己選擇應該去哪一道。假如他們要到人間，可以選擇父母，選擇家庭。因為他們是以悲心和願力來的，不是因貪欲來的，不是因業力牽引來的。他們是自己自由來的，但我們是沒有權利，沒有選擇的。

　　到了人間也是，我們健康或是不健康，順利或是不順利，都無法掌控。小時候要上什麼樣的學校，沒有權利選擇；畢業以後，要找個什麼樣的工作或能否換個工作，也沒有權利選擇；要找什麼樣的對象，要生什麼樣的孩子等，都是如此。你看，我們是不自由的，都是受業力牽引。你的家庭、工作也許都不太理想，但是沒有辦法，只能這樣。所以經常講，「算命不如認命」，這就是你自己的命，這就是你自己的業，這是沒有辦法的。這就叫輪迴，是痛苦的。

　　佛菩薩不是這樣，他是有權利選擇的。出家或不

出家，他有權利選擇；度化什麼樣的眾生，他也有權利選擇，這都是以自己的願力來的。這個悲心和願力是他自己發的，是自願的。我們以貪心和業力而來是不自由的：貪心一上來，我們就不自由了，想做的得做，不想做的也得做；業力更是，業力成熟了，再痛苦，你也沒有辦法，只能認。這叫輪迴。

惡的根是什麼？小乘裡講的是對世間的貪欲。其實沒有貪欲就沒有嗔恨心，沒有嗔恨心就沒有愚癡。在不貪、不嗔、不愚癡的情況下，所做的一切都是善，都是解脫的因。有貪心，有欲望，所做的一切都是輪迴的因，痛苦的因，都是惡。沒有貪心，沒有欲望，所做的一切都是善。它主要強調出離心。別解脫戒的「別」是個別的意思；「別解脫」就是個別解脫的意思；「別解脫戒」的意思是誰受這個戒，誰就能解脫。受持別解脫戒必須要有出離心的基礎。若是沒有出離心的基礎，雖然受的是沙彌（尼）戒、比丘（尼）戒，

受的是居士五戒，你是優婆塞（男居士）、優婆夷（女居士），但受的都不是別解脫戒，都不能成為別解脫戒，不能解脫，不能成為解脫的因。

　　這裡有很多人都受居士五戒了，按道理來說，這是別解脫戒。但若是受戒人沒有出離心，受的就不是別解脫戒。出家人的沙彌戒，比丘戒，沙彌尼戒，比丘尼戒，都屬於別解脫戒。但同樣，如果受戒人沒有出離心的基礎，受的戒都不能成為別解脫戒。所以小乘主要講出離心，就是要斷除對世間的貪戀。

　　然後是大乘。大乘裡主要講菩提心。以自私自利所做的一切都是惡，以不自私、不自利所做的一切都是善。菩提心是成佛的因，比如我們斷惡行善，如果有菩提心的攝持，就可以成為成佛的因；如果沒有菩提心的攝持，即使成就再大，也只能成為阿羅漢或者緣覺。阿羅漢、緣覺有逃避心，是要遠離世間，不接觸世間的。他們解脫煩惱了，擺脫輪迴了，也就沒有

煩惱，沒有痛苦了，但是他們的智慧還沒有圓滿，所以福報也沒有圓滿。這裡的福報指的是什麼？指的是善巧方便。他們沒有善巧方便，所以不能把一切對境都轉成道用，他們沒有這個能力。有智慧才有方便——有智慧，一切都可以變成善巧方便。所以大乘行者不怕世間，不用遠離世間，也不用遠離鬧市，因為他有智慧。

一個真正的大乘行者，沒有自私自利之心，只有利益眾生之心，完全是為了眾生，完全是為了利益眾生，他是不會造業的。所以大乘主要講菩提心——沒有自私自利，只有真正的利他心。

我們現在雖然也做一些利益眾生的事情，也發菩提心，但還是有自私自利的成分在裡面，所以還是會造業。若沒有自私自利的成分，完全是為了眾生，是不會造業的。為什麼說身三種惡業，語四種惡業在大乘中都有允許的時候？因為在不自私、不自利的情況

下，完全是為了眾生，所以這些惡業都有允許的時候。大乘主要講起心動念，沒有自私自利之心就可以了。

大乘分顯宗和密宗。密宗一般都是清淨觀。清淨觀是什麼意思？你念個咒語，或者修個儀軌，是不是就修密法了？不是。密宗裡五種圓滿是基礎。五種圓滿就是把一切都觀為清淨圓滿。在這樣的狀態下，所做的一切都是善，否則都是惡——境界越高，善惡的標準也越高。這樣就更方便了：一切都是清淨的，一切都是圓滿的，自己當下就解脫了，當下就自在了。不清淨的都是我們自己的心。

比如說一杯水，佛在經中講，六道眾生看了，感受都不一樣：地獄眾生看到的是一杯鐵汁，餓鬼看到的是一杯膿血，人看到的是一杯普通的水，天人看是一杯甘露（屬於天界的甘露，不是佛法裡講的甘露），佛菩薩看就是一尊佛——瑪瑪格佛母。

餓鬼和地獄眾生相比，餓鬼業障輕一些，所以看

到的是膿血；人和餓鬼相比，人的業障輕一些，所以看到的是水；天人和人比，天人的業障輕一些，所以看到的是甘露；佛菩薩看到的是清淨的，就是一尊佛。清淨與否，主要看自己的業力，看自己的心——心清淨，一切當下清淨。

我們講五種圓滿的時候講過，一切觀為清淨，是本來清淨的觀為清淨，不是非清淨的觀為清淨。這樣的話，極樂世界就在眼前，阿彌陀佛也在眼前，當下就是。所以密宗裡講，有這樣的見解是最好的，沒有的話也要相信這樣的見解。若是你連這樣的欲樂和信心都沒有的話，根本談不上學密法，根本不是學密法的。也許你現在還沒有這樣的見解，但是你也要相信。

最高的境界是大圓滿法的境界。剛才說的是密宗大光明的境界，就是一切色法都是佛身，一切音聲都是咒語，一切起心動念都是圓滿智慧，也可以是密宗的三昧耶。最究竟的是金剛乘大圓滿法的境界，大圓

滿法是自然安住，在這種狀態下都是善；若是沒有自然安住，離開了覺性，就是造業的，就是惡了。

大圓滿法，還有漢地的禪宗，都特別強調自然安住。但是上師麥彭仁波切在《定解寶燈論》裡講，自然安住有正確的，也有不正確的。若是你沒有真正明心見性（禪宗是這樣講的），沒有真正見到心的自性，自然安住是錯誤的。在明心見性，真的見到了心的自性之後，在那樣的覺性當中自然安住才是正確的。

《大圓滿願文》裡講：「尋覓修行自己徒勞因，緣法修習延誤入樊籠。」這都是過錯，因為你遠離了覺性。你就在這個覺性當中安住，在這樣的情況下所做都是善。為什麼說大圓滿法是最高境界？為什麼說它以果為道？因為那是佛的境界。真正到那個時候，連入定和出定的分別都沒有，那是最後的境界。

大家現在都着急修大圓滿法正行。其實正行沒有什麼可修的，因為那是山頂，那時已經到山頂了，還

要到哪裡啊？若還要走，就是往下走了，要下山了，又回來了。現在我們修大圓滿法加行，講的就是「加行是通向大圓滿的唯一之路」。外加行、內加行，修這些加行才是真正在修大圓滿法。通過修這些加行，最後才能達到那樣的境界──佛的境界。所以大家不要着急去修大圓滿法正行。大圓滿法正行引導（即正行），就像《大圓滿願文》裡講的一樣，到那時是無可修的，是我們最後要達到的目的，我們現在好好地踏踏實實地修加行就行了。

我經常講，開悟證悟不難，解脫成佛不難，相續成熟難。若是相續成熟了，解脫就在當下；若是相續成熟了，成佛就在當下！所以要踏踏實實地修加行，加行修好了，就能證悟大圓滿，就可以立地成佛。

大乘、小乘，顯宗、密宗裡講的善惡的標準，都是不同的。我們主要是以這些標準來判斷、衡量是善還是惡，應該怎樣去斷惡行善。不同層次裡有不同的

善惡標準。現在按照密宗裡講的，按照大圓滿法裡講的善惡標準去斷惡行善，我們可能很難做到。但是按照小乘佛法裡講的，一般大乘佛法裡講的標準去斷惡行善，我們都是能做到的。

出離心是可以修的，菩提心是可以發的。因為這些都屬於世俗諦——二諦裡的世俗諦。二諦裡的勝義諦是超越世間的，但世俗諦還沒有超越。世俗指什麼？指我們的六根——眼、耳、鼻、舌、身、意。六根的境界叫世俗諦，超越六根的境界叫勝義諦。密宗裡講的，尤其是大圓滿法裡講的都是超越的。現在也許我們還做不到，但是我們要有信心，有欲樂，因為我們是修密法，修大圓滿法的。

在日常的生活中也是，若是我們沒有貪心，沒有欲望，我們所做的一切都可以是善——不是輪迴的因，不是痛苦的因，這樣就行了。

大乘佛法講利他心，就是一切行為都要有利他心

的攝持。比如說我們吃飯，照顧兒女，若是發了菩提心，有菩提心的前提，都可以成為成佛的因。所以我們做一切事首先要發菩提心。佛在經中講過，發了菩提心（世俗菩提心有願菩提心和行菩提心）以後，隨時隨地都在積累善根，都在積累福德。

以前也講過，你發菩提心了，「為了眾生我要成佛，為了成佛我要修持佛法，所以今天要吃好……」吃好是為了什麼？為了健康。健康是為了什麼？為了更好地修持佛法。修持佛法是為了成佛，成佛是為了眾生，最終是為眾生的！都是菩提心，都有菩提心的攝持。這樣，吃飯也成了成佛的因，所以要發這個心！這樣，我們隨時隨地都在積累善根，積累福德資糧——成佛的資糧，圓滿的資糧！

剛才我是拿吃飯來做比喻的，其實一切行為，比如照顧家人，也可以成為利他心。「因為他們是眾生，是與我最有緣分的眾生。」然後去照顧他，就是菩提

心了；若是「因為他是我的孩子，是我們家的孩子」，然後去照顧他，由「我」來帶動，以自我為主叫貪，是輪迴的因。

其實所謂的貪心，不僅僅是今天喜歡這個，明天喜歡那個，真正的貪是我執——執着我叫貪心，執着他叫嗔恨心，這樣分別、執着叫愚癡。

其實我執本身就是一種貪心。你看，你雖然是在照顧家人，照顧孩子，但你還是自私的，因為你認為他們是「我的」。是你的又怎麼了？總是「我我我」的，都是「我」，「我的」就行，他的就不行，這就是自私！現在我們轉個念：不是因為他們是「我的」，而是因為他們是「眾生」。最終是為眾生的，就都是利他心、菩提心，就是成佛的因。轉個念，有什麼難的呢？

昨天講的布施，今天講的持戒，強調的都是一個念啊！所以我經常講，學佛修行在於心，不在於形式。形式上可以不改變，但心要改變，主要是心態上有改

六種行為使你不再平凡

變就可以了。輪迴的因，痛苦的因是貪心和欲望——這也是心麼！

「哎呀，這個我不要了，那個我也不要了；這個我不做了，那個我也不做了……」認為這樣叫放下。你這樣不叫放下，沒有貪欲，沒有貪心，沒有欲望就OK了！剩下的就是了緣了債。「哦，這是要了緣，那是要了債。」是啊，這些都是你要了的緣，你要還的債啊！不要有貪心，不要有欲望，以這樣的心態盡責任，盡義務，就是了緣了債。「我要……」「我想……」想得到、獲得點什麼。「我要為他們做……」，為了展現自己的能力，自己的優點……「你不明白的時候，我心裡不舒服。你知道我的偉大，我的優點，我心裡就很舒服……」這都是自私嘛！

就是一個念，就是一個心，就是一種心態！我們有一句法語：「心放平了，一切都風平浪靜；心放正了，一切都一帆風順。」沒有那麼多事！持戒也是，不就

是一個念嗎？！若是你的心態轉過來了，你發了菩提心，你現在就是在行菩薩道了。為什麼呢？因為我們現在在行為上都在付出，都在奉獻，主要是在心態上能有這個利他心，不自私就可以了！為什麼佛法裡經常講「破我」？就是要你破除我執，放下自我，不要總以自我為中心，不要總是「我……」「我要……」——一切問題都是從這裡產生的，一切煩惱都是從這裡出來的！

大光明的境界就更妙，更圓滿，更自在了！一切境都是西方極樂世界，一切人都是佛菩薩。你這樣看就不一樣了！也許很多人有疑惑：「怎麼都是佛啊？這是佛，那也是佛……」是啊，都是我們自心的顯現！真正的佛是法身佛。法身佛是什麼？就是我們的自性，也就是法界啊！

要明白、認識這樣的道理也不難。因為自性都是清淨的，都是佛。諸法一心嘛！只有一個自性，一個心。

這樣，一切都是菩薩，都是佛；這樣，你看誰都是舒服的，都是圓滿的。

大圓滿的境界就更殊勝，更圓滿了。自然安住，一切來去生滅，都是自自然然的，這樣看着就行了，了了分明，如如不動。也不是一片漆黑，不是什麼也沒有，而是了了分明，都有；如如不動，心不去分別，不去執着，讓它自自然然地發生就可以了。若是你不去分別，不去執着的話，一切的一切都安然無恙，什麼事都沒有！有什麼呀，很自然啊！這樣，生死都不是問題，很自然。

對凡夫來說死是個大事，一說死，很多人心都慌了。其實死很簡單！若是你真正明白了，死就是換個軀殼而已。換個軀殼就像換件衣服一樣。衣服舊了要換，那是件高興的事兒！舊了，壞了，今天能換，嗯，太好了！「對！我換一件新的，換一件更好看的，更暖和的，更時尚的！」這有什麼可怕的？你的靈魂也

不死，只是肉體死！我們的心，這個靈魂，這個神識，就像個遊客。我們的身體、軀殼、肉體就像個旅店。「這個旅店太舊了，條件太差了，換一個五星級的多好！」

我們現在說到死，因為有很多人都認為死是件大事。「你說的有點太簡單了。那我的福報怎麼辦啊？我一生中積累的錢財怎麼辦啊？」沒有事！福報是可以帶走的，你修來的福報，是永遠不會浪費的。「縱經百千劫，所做業不亡。因緣會遇時，果報還自受。」就是說你做的善業、惡業都是你自己的！該是你的都是你的，你該得到的，無論你在哪裡都會得到。剩下的就是該留給社會、留給家人的，那是該他們得到的了。

你的福報是你自己的，你所做的業——善業也好，惡業也好，都隨你自己，不隨他人。佛講了，做善業也好，造惡業也好，「果報還自受」，都要自己受。《百業經》裡講的，我們做善事，修善法了，或造惡業了，將來果報不是成熟在石頭上，不是成熟在外邊的大地

上，也不是成熟在他人的相續中，而是成熟在自己的相續中，成熟在自己的身上——這個是不會浪費的，該是你的都是你的。

其實權力、錢財是福報的顯現，不是真正的福報；真正的福報存在你的相續中，存在你的阿賴耶當中，種子都存在那裡，所以你不用擔心。你真正把這些道理弄明白了，還怕什麼？真的是無所畏懼啊！若你真正找到了自心，自己的心有了一個歸宿，你的身體在哪裡都一樣——無論是在地獄還是在天堂，無論是在監獄還是在皇宮，你都是一樣幸福、快樂的。我覺得做到這樣一點都不難。

饒益有情戒，就是要饒益眾生，幫助眾生。這也要從身邊的眾生做起，從有緣的眾生做起，因為佛度有緣人。比如，你們是在家居士，就要從自己的家人做起，盡量和他們結善緣，給他們種善根，盡量引導他們進入佛門，讓他們相續中也有正知正見。其實有

正知正見就是進入佛門了；否則，即使皈依一百次也沒有用，也不算進入佛門。關鍵是相續中有正知正見。

四攝受法——布施、愛語、共事、同行，這些是一個上師善知識要具有的攝受弟子的方法，我們也可以運用這些方法。尤其在剛開始的時候，不能跟他硬碰硬，跟他犟，而要慢慢引導他：布施就是為他付出，讓他高興；愛語就是給他說一些好聽的話，就是種善巧方便嘛；共事是為了引導他，度化他，可以與他做相同的事。比如，他特別愛說話，剛開始就應該陪他多聊聊，說一些閒話。雖然學佛人不能說閒話，但是這個時候要特意說，這樣去隨順他，慢慢找機會引導他。真正用心去接觸他，一定有機會；如果他是做生意的，需要你幫他做生意，你就幫他做生意。有時候，為了引導他，可以隨順他，恆順眾生嘛！普賢菩薩有十大願王，其中一個就是恆順眾生。但恆順眾生要具有戒定慧的功德：戒是自心清淨；定是有定力，不動搖；

慧是有很多善巧方便。戒定慧都有了，才可以恆順眾生，否則就不是恆順眾生，而是跟著眾生造業了。

戒是淨的意思，自相續是清淨的：沒有貪心和欲望，沒有自私自利；定是自己的信念、見解不動搖；慧是有智慧，有很多善巧方便。這樣，他還能跑掉嗎？不可能。其實，恆順眾生說起來容易，真要做也不是誰都可以做的。但是我們對自己要有信心。

現在我這麼一講，你覺得這些境界太高了，自己肯定不行……不能這樣想。我們得到了人身，聞到了佛法，對大乘佛法生起了信心，也對大圓滿法生起了信心，你已經不得了了，你的善根和福德都不得了，已經很大了！你是大根基，是有大福報的人，只是現在還沒展現，沒有顯現出來而已，可能還差一點點因素吧，但是差一點點也不行。

就像房子漏水，差一點點也滴不下來；到一定的時候，自然就滴下來了。我們既然已經遇到大乘佛法，

遇到大圓滿法了，對大乘佛法，對大圓滿生起信心了，根基絕對沒有問題，福報絕對大，但就差那麼一點點了。真的，要有自信。若是自己具足信心，沒有做不到的，沒有不成功的——自信、信心是很重要的。

佛法裡講的持戒，是有智慧的攝持，它是活的，不是死的，和其他宗教不一樣，其他宗教裡講的戒條是死的。因為佛法裡有智慧，有智慧的攝持才叫真正的持戒。若是沒有智慧的攝持而持戒，就沒有持戒的功德。戒、定、慧三學都是功德，有智慧的攝持才可以成為功德，才有真正的功德。所以，有智慧了持戒不難，能很圓融、很方便，否則持戒就難了，與生活、工作不是矛盾，就是衝突。所以大家要有智慧啊！以智慧持戒，修持戒波羅蜜，才能圓滿。

　　　　　生活中的六度波羅蜜

# （三）生活中的安忍波羅蜜

安忍波羅蜜分三個：他人邪行之安忍、求法苦行之安忍和不畏甚深法義之安忍。

他人邪行之安忍，是對治嗔恨心的。嗔恨心對我們的危害非常大。寂天菩薩在《入行論》中說：「一嗔能摧毀，千劫所積聚，施供善逝等，一切諸福善。」意思是在一剎那中生起的嗔恨心，能毀壞無數劫中積累的善根和福德。這說明嗔恨心對相續毀壞的程度是非常嚴重的。

印度的丹巴仁波切講：「百種貪心之業，不及剎那嗔恨心罪業大。」意思是在一個人的相續中，生起剎那嗔恨心的罪業，會超過在相續中產生一百種貪心的罪業。生貪心也會染污、毀壞我們的相續，但是生起嗔恨心對我們的危害，給我們帶來的災難更嚴重。

嗔恨心是要對治的。寂天菩薩在《入行論》中還說：「罪惡莫過嗔。」在所有的罪業當中，嗔恨心的罪業是最大的。「難行莫勝忍。」在所有的修行中，修安

忍的難度是最大的。對一個人來說，侮辱是很難忍的，所以說忍辱，也就是安忍，也是我們說的忍辱波羅蜜。為什麼拿「辱」來說呢？當有人侮辱你的時候，你的心不動，就有安忍了。這裡的侮辱指的是真正的侮辱。其實我們現在受到的所謂「侮辱」，很多時候都是自作自受，是沒有發現自己的問題造成的，還不算是真正的侮辱。如果受到了真正的侮辱，心還能不動，才叫真正的安忍。

我們修安忍波羅蜜，就是要對治嗔恨心。有人罵我們，打我們，欺騙我們，甚至傷害我們的時候，我們也許能忍一忍，不惡口罵人，不以牙還牙，不出手打人，甚至也不去報仇。雖然有人心裡會想：「我已經學佛修行了，不能這樣……」但心已經動了，心裡已經不舒服了，有怨恨了。若是心裡沒有怨恨，不會不舒服，不會不亮堂。

好多時候我們還是沒有真正地修忍辱，雖然沒有

去造口業，也沒有去造粗大的身業，但是心已經動了。大乘佛法是心地法門，起心動念就會造業。你的心已經動了，所以就造業了，因為已經生起瞋恨心了。所以，若忍就要從心裡忍。從心裡忍就是心不動，如果心動了，已經生起怨恨——心裡有怨，有恨了，說明你還是沒有做到安忍。而有的人會以牙還牙、不擇手段地去報仇，這樣做的後果就更嚴重了。但是，我們很多學佛人已經能做到不這樣了。

那怎麼辦呢？難啊，太難了！瞋恨是怎麼生起來的？是從愚癡中生起來的。愚癡是貪心的根，也是瞋恨心的根。愚癡是因為我們沒有明白諸法的實相真理，所以還是迷惑。

貪瞋癡，癡是根，是貪心的根，是瞋恨心的根，是一切煩惱的根。為什麼這麼說？我們為什麼會生起煩惱？就是因為不明白諸法的實相真理。我經常講，明理很重要！經常說，你想學佛，想成佛，就要學智慧，

就要轉識成智，就要成為智者。有智慧了，就不再愚癡，就會明白諸法的實相真理了。

佛和上師講的教理，你通過思維和觀察而深信了，對諸法的實相真理生起定解了，你就能不嗔恨了。別人侮辱你，傷害你的時候，你不僅可以做到不埋怨、不嗔恨，心裡還特別舒服。不僅沒有埋怨和怨恨，還會有感恩心；不僅心裡沒有痛苦，還會生起無比的快樂。也許你會疑惑：「啊？有人來侮辱我，傷害我，我還能快樂？我能快樂起來嗎？」若是有智慧的話，你就能快樂起來。

想做到忍辱就要破迷開悟，破迷就是要去除迷惑。去除什麼迷惑？去除對諸法的實相真理的迷惑；開悟，就是要證悟諸法的實相真理。

你心裡難受，痛苦，還在表面上忍，也許你明白一點點道理，也會說一些道理：「這是自己的業，是自己前世欠的。」剛開始的時候行為上能做到這樣也行，

但這不叫忍，因為你心裡太難受了，太痛苦了。若是你真有佛法，真有智慧的話，心裡不可能難受，不可能痛苦！因為佛法是解除痛苦的。

你看，諸法的實相真理多重要啊！什麼是諸法的實相？什麼是諸法的真理？佛講，一切法包含在二諦——世俗諦和勝義諦裡。世俗諦裡佛講的諸法的實相真理是什麼？就是六道輪迴、三世因果；勝義諦中，佛講了無我和空性的真理。這些才是真正的諸法真相，才是真正的諸法的真理。

現在就要明白這些道理，深信這些道理。對這些道理生起真正的定解時，你就能做到安忍，就可以做到沒有嗔恨心。佛講善惡因果，善有善報，惡有惡報，這如同種瓜得瓜，種豆得豆一樣。你不種瓜，不可能得瓜；你不種豆，不可能得豆。你種的是瓜，不可能得到豆；你種的是豆，不可能得到瓜。這個道理很簡單，這是自然規律。其實善惡因果也是這樣的自然規律。

我種瓜，為什麼得不到豆呢？這是自然規律，沒有辦法，你種瓜就能得瓜，不可能得豆。佛講的善惡因果，也是自然規律。你種善因了就得善果，你種惡因了就得惡果，這是絲毫不爽的。在日常生活中，我們經常遇到這樣的事情：有人罵我，有人打我，有人欺騙我，有人傷害我，我為他們付出，他們卻恩將仇報……這都是我們自己這樣覺得的，認為都是不應該的。這個時候我們應該多想一想，我們為什麼煩惱、痛苦？

若是你懂得了輪迴，懂得了因果；深信了輪迴，深信了因果，那就簡單了。善惡因果，善有善報，如是因，如是果，誰造誰受，不造不受。都是自己的問題，你有這樣的惡緣，現在就要面對這樣的惡果。因為這是往昔自己造的惡業——種惡因，結惡緣了，所以今生就有這樣的遭遇。要怨就怨自己，要恨就恨自己；不應該怨別人，也不應該恨別人。如果你埋怨別人，

恨別人，就是在冤枉別人，就是在造業！也許你找不到原因，「在現世當中，我沒打過他，沒罵過他，沒欺騙過他，也沒傷害過他，只有付出，對他挺好啊！」也許這一生中你是這樣的。但是，佛講的是無始劫以來的六道輪迴。在這個過程中，我們造下了無數的惡業，結下了很多的惡緣，現在因緣成熟了。

你站在六道輪迴、三世因果的角度想，若是明白了六道輪迴，深信了三世因果，就沒有怨恨了。不是今生，那就是前世，肯定是自己罵過他，打過他，甚至是欺騙過他，傷害過他。什麼都是有原因的，沒有無緣無故的。這些原因都是誰造成的？都是自己造成的。佛講因果就是這樣的：自造自受，不造不受。你不造就不會受，你現在受了，就說明是自己造的。你明白了，深信了，就不會有怨恨了；若是沒有明白，沒有深信，就會有怨恨。有怨恨就是因為沒有明理，沒有深信這個真理。所以我們現在就要學佛講的六道

輪迴、善惡因果，就要深信輪迴，深信因果。

六道輪迴也好，三世因果也好，都是佛在世俗諦上，在相上講的真理，也可以說是世俗諦的真理；在體上佛講的是無我和空性，又是一種真理。若是你明白了，深信了無我和空性的道理，有智慧了，就會知道一切都是無常的，虛假的，有什麼可執着的？有什麼可怨恨的？若是你有智慧，就會知道那是自己前世造的業，前世欠的債，現在是在還債、消業──是真正的還債，真正的消業！怎樣才能把握當下？就要在這個時候把握當下。若是你沒有把握當下，甚至再去怨恨，又種惡因，結惡緣了。輪迴就是這樣形成的──冤冤相報何時了。

若是你明白，這是自己造的業、欠的債，現在是消業、還債的機會，只要把握住這個機會，再也不去恨，不去傷害，不去造業，就是了緣了債。為什麼說「了緣了債了生死？」不再恨了，不再傷害他了，到這裡

就結束了，否則將來還要承受惡果。了緣了債了，生死自然就了了，就不用再輪迴了。永無休止地欠，還，還，欠，互相欠，互相還，就是輪迴——輪迴沒有結束的時候。只要了緣了債，就能了脫生死；了脫生死了，就不再痛苦了。

如果我們有智慧，知道這也是修行的對境，就可以從中轉念——這是修忍辱的機會。若是沒有人傷害你，沒有人給你對境，你怎麼修忍辱呢？這也是修自他交換菩提心的機會，更是磨練自己，鍛煉自己的機會。我們要解脫，要成佛，就要磨練習性，鍛煉心態，讓自己變得寂靜調柔——心柔軟，調和了，怎麼樣都可以了。

有人說你的缺點和毛病，就是讓你開悟；有人打你，罵你或是傷害你，是幫你消業。如果沒有這樣的對境，我們到哪裡消業呢？這是難得的機會。其實，我們所謂的敵人，才是我們真正的善知識。他能直指你的毛病，

直指你的缺點，所以是最殊勝的善知識；他的話能讓你改掉你的毛病，改正你的缺點，就是真正的竅訣，而且是最殊勝的竅訣。若是你真的有智慧，就能從中發現自己很多的不足和缺點——真正發現並且認識到了，你肯定會改；只要肯改，就一定能改掉。主要是我們認識不到，發現不了，對缺點不知不覺，總覺得自己很好，覺得自己沒有錯。這是我們的習氣。無論是在家裡，還是在單位，無論在哪裡都是這樣，所以我們沒有解脫，不能成就。若是真能反省自己，真能發現自己的缺點和毛病，就一定能改掉。因為這些缺點和毛病都不是我們本具的，而是突然串習的一種東西，就如同空中的雲彩一樣，是突然來的。

明白了這個道理，我們的感恩心就生起來了。不但不怨恨，還感恩，心裡就快樂了，舒服了。這樣一轉念，這叫修行，這就是修安忍！安忍不是在表面上忍，「忍吧，忍吧。」你一忍再忍難啊！很多人都是：

我一忍再忍，再也忍不了了！一忍再忍，沒完沒了，有一天肯定會露餡的，那時就完了。這都是表面上的忍，實際上心已經動了。為什麼心動了？因為心裡已經有怨恨了。這說明你還是沒有明白這些道理，沒有深信這些道理。

這些道理佛已經講了。佛講的就是諸法的實相，諸法的真理，沒有講別的啊！若是你自己沒有明白，沒有深信，就叫愚癡！貪嗔癡中的「癡」就是愚癡。因為愚癡，心就動了，嗔恨心就生起來了。若是你自己明白了這些道理，深信了這些道理，就有智慧了，就不愚癡了。

「我知道諸法的實相真理，我也深信這些。」這些道理不是在口頭上說說而已。現在有些居士是這樣說的，也是這樣做的，修得也挺好，但心有沒有動不好說。盡量去相信這些道理，往這個方面努力，這已經是進步了。好多人根本就沒有往這方面想，根本沒

有相信這些道理，根本沒當回事。

我們煩惱痛苦時，要找原因，原因就是不明真相，不明真理——這就是佛講的愚癡顛倒。這不是佛給我們定的罪，而是佛在指導我們，指點我們，讓我們開悟，不要愚癡，不要顛倒。你要明白諸法的實相真理，你應該深信這一切。這樣，受到欺騙、傷害了，本來都是禍，你一轉念，禍害就變成福報了，煩惱就變成智慧了，這叫解脫，也叫圓滿。這樣就沒有怨，也沒有恨。主要是心裡沒有怨恨就行了，表面上有時候也需要忿怒忿怒。就像佛像，既有寂靜的，也有忿怒的。

心裡恨什麼？不是特意不恨，而是沒有可恨的，恨根本不存在了，這叫解脫。我們經常說「心裡沒有恨了，也就沒有愛了。」這個愛指的是什麼？是和恨相對的。「沒有恨，沒有愛，那不是變成木頭了，變成石頭了嗎？」不是。沒有恨就肯定沒有愛——和恨相對的小愛沒有了。小愛沒有了，剩下的就是大愛了。

這種大愛是不可思議的，好多人都不曾有過。現在一講大愛，也許很多人就不明白了，這種大愛是超越世間的——屬於世間的都是相對的，相對的都是苦。

沒有愛了，就沒有苦了；沒有痛苦，和痛苦相對的快樂就沒有了。現在我們有時候稍微覺得快樂一點，這只是暫時的，其實本身還是一種苦，是我們把苦當成了快樂，這不是真正的快樂——相對的快樂不是真正的快樂。

雖然沒有苦，沒有樂，但是有大樂。大樂是無分別的，是超越世間的，也是不可思議的，像啞巴吃糖塊兒一樣。這種大愛也好，大樂也好，是不可喻、不可言的，是不可思、不可想的。因為言語的範疇，意識的範疇，都是世間的，暫時的，不是出世間的，究竟的。

沒有愛也沒有恨，沒有苦也沒有樂，那變成什麼了？不是變成木頭、石頭了嗎？不是。雖然沒有苦，

生活中的六度波羅蜜

沒有樂，但是有大樂；雖然沒有愛，沒有恨，但是有大愛。這種大樂、大愛都是無分別、無執着的，都是無漏的，超越的。我們現在就要達到這種超越的境界——要超越世間。世間包括物質，也包括精神。超越世間了，那時是境隨心轉，那叫大自在，那時才有心想事成。

愛也好，恨也好；苦也好，樂也好，都是心。語言上沒這些，表面上沒有這些。語言和表面上就是表演。我們現在投生為人了，人生就是個舞台，在這個舞台上，我們都是演員，要扮演很多角色。演員在舞台上要認真演，演得越像越好，越像知名度越高，越受歡迎。而我們是在表法，這個時候，就要像個樣。這是在相上，在表面上。其實在表面上，相和體是一體的。那個時候，心和心識也是一體的。但是他在表面上是不是假的？不是。既不是假的，又不是真的，即真空不空，妙有非有。

佛講：「色即是空，空即是色，色不異空，空不異色，受想行識，亦復如是。」是什麼意思？一切法都是這樣。我們現在以分別心，很多都不明白。落入二邊的都是錯誤的。我們經常講中觀、中脈，就是不落入二邊的意思。落入任何一邊，偏向任何一邊都是錯的。真正能活在當下，把握當下的時候，不會偏，不會落。

求法苦行之安忍。講的是毅力——在求法、修法的過程中，不顧一切艱難困苦、嚴寒酷暑。我們的佛祖釋迦牟尼佛，在因地的時候，僅僅為了四句佛法，在自己的身體上挖出很多洞，灌上油，點燃了成千上萬盞燈。你也應該有這種堅韌不拔的毅力。

現在，多數人學佛都有一些障礙或違緣，為什麼？因為自己的決心不大，信心不足。若是決心大，信心足，就沒有違緣，沒有障礙了！為什麼總有違緣，總有障礙呢？就是自己的毅力不夠啊！沒有堅韌不拔的毅力。上刀山，下火海，就是為了希求正法，就是為了修持

正法，要的就是這種毅力！

學佛修行在表面上看是苦，但實際上一點兒都不苦。我們從表面上看密勒日巴，口中無食，身上無衣，住在山洞裡，很苦是吧？但是，人家沒有感覺過苦啊！若是換成我們，會覺得那太孤單了！人家沒有孤單過啊！為什麼經常講密勒日巴？我們就是要學密勒日巴這種求法的精神，在學佛的過程中，就要有這種堅韌不拔的毅力。

真的！你們太可憐了，違緣、障礙太多了。這些違緣、障礙是怎麼來的？就是因為自己沒有信心，沒有決心造成的。「我有決心，有信心！」但是信心不夠，決心不大啊！你看，這兩年在寺院開法會，你們在上山的路途中，稍微有一點點泥石流，就害怕了；稍微有一點點違緣、障礙，就遲疑了。為了求得正法，受點苦是福啊！在這個過程中，若是你經歷點磨難，受點苦，能給你消多少業啊！通過這樣的磨難，能去除

多少的災難啊！因為這是去求正法，是為了希求解脫，不是去造業，去搞世間法。

現在我們上課、打坐也是，都說沒有時間。怎麼能沒有時間呢？若是你真有這個心，少睡一個小時或少吃一頓飯，就 OK 了嘛！「少睡能行嗎？不行！我要准時睡，必須要自然醒！」這樣，就是沒有將修法放在首位，而是將睡覺、自然醒放在了首位。少吃一頓飯又怎麼了？「少吃一頓，餓了怎麼辦？」不會餓的！這幾天有些居士講，以前在家裡受八關齋戒，晚上特別餓，但是在山上天天受八關齋戒，晚上卻不知道餓了──到這裡增長信心了，就不知道餓了。

若是你真的有希求正法之心，真正能感受到那種法喜，晚上不睡覺，還能困嗎？不會困的。打坐，靜修，觀想，都是入定，入定一分鐘等於睡一百個小時。若是那樣，還能昏沉嗎？還能困嗎？不會的。有的人說：「哎呦，我一聽法，一上座就睏了！」這種人就是沒

有信心，沒有法喜。若是有法喜，怎麼可能睏呢？這幾天有些人聽法聽了一兩個小時，感覺像幾分鐘似的，覺得太快了！這就是用心和不用心的差別。真正有信心，就沒有難的了。不睡覺不是問題，不吃飯也不是問題，能有什麼問題啊？

家裡這個眾生反感你學佛，那個眾生反對你學佛等等諸如此類的事，都是你自己的業障。你若要消業，就要有願力。沒有超越業力，是因為自己的願力不夠。其實就是信心不足！若是你有具足的信心，若是你有特別強烈的信心，眾生都會被你感化，他們都會隨順你。真的！說到底還是自己的定力和智慧不夠，總是看別人的臉色，總是考慮別人的想法。

一切都是唯心所現，唯識所變。若是自己心自在了，一切都自在了。以這種信念和智慧，周圍的這些眾生算什麼呀！你沒有傷害他們，又感化了他們，他們就會心甘情願地跟隨你。你們就是這種緣分，其實，他

們這樣障礙你，就是你自己的業，都是自己結的惡緣，自己種的惡因，這都是惡果呀！所以現在就要靠堅韌不拔的毅力去改變。不要跟他們爭，更不要跟他們犟。你自己發心到位了，信心具足了，自然就能感化他們了。真的！那些物質都有靈性，都能被感化，眾生更有靈性，你完全可以感化他們。他們被感化了，自然就喜歡你，隨順你了，自然就高興了。也許你在這邊學的時候，他們在那邊樂呢！感化了就不得了了。真的！感化了就等於通上電了——這是用現代的東西做比喻。所以我們經常講：「佛法高於一切，將修行放在第一位。」

　　不畏甚深法義之安忍。以前佛講空性的時候，很多小阿羅漢心裡都非常害怕，甚至吐血而亡。現在的人很少有這樣的，因為現在的人思想複雜，以前的人思想單純，這是第一個原因；還有一個原因是，我們根本沒有去研究無我和空性這些道理。若是你真正去研究了，可能也會心生恐懼，不敢接受。

小乘的經部和有部最後為什麼把極微塵留下來了？因為不敢再抉擇了。這些粗物，他們都能抉擇為空，也可以感受空，但是最後他們把極微塵留下來了，不敢再分了。他們認為物質世界要形成，必須要有個基礎，由物質來組成物質。他們不會明白，也不會接受唯識宗講的這種「唯心所現，唯識所變」的觀點：物質可以通過心來顯現，通過心來造作，他們是不會明白的。

唯識宗認為物質不存在，相對於物質的精神也不存在，但是要有最後的剎那心，它是實有的。他們就把剎那心留下來了。他們不明白，也不敢接受空性中都能顯現，都能產生這樣一個實相真理。

中觀宗認為，物質也好，極微塵也好，剎那心也好，都一樣是空的。因為諸法的自性是空性，所以可以顯現；若不是空性，就不能顯現。

這些是在不同的層次裡講的，也是針對不同根基的眾生講的，可以說都是佛法，都是真理。我們的心

裡要有這樣一個覺悟和智慧。

講大空性、大光明、大圓滿，說當下就是西方極樂世界，這個人就是阿彌陀佛，很多人都不敢接受啊！「這個地方怎麼會是西方極樂世界？他怎麼會是阿彌陀佛呢？」但作為大乘行者，尤其我們修密法的，要相信這個道理。「也許我現在不太明白，我悟不到這個道理、實義，但肯定是這樣的。」就要這樣接受，而不能以自己的分別心去思維。

有這樣一個故事。四個比丘在一起，其中有一個比較笨的比丘說：「不是說四個比丘當中，有一個肯定是佛嗎？他不是佛，那位也不是佛，你也不是佛，我也不是佛。說是這樣說，其實沒有佛啊！」不能這樣想。不是其中有一個佛，而是四人都是佛！「哪有他這樣的佛？貪心那麼重，嗔恨心那麼重。」其實，一切都是清淨圓滿的，不清淨的，不圓滿的都是自己業力的顯現。

生活中的六度波羅蜜

密宗裡經常講，當下這個地方就是極樂世界，這個人就是阿彌陀佛。有的人不理解，甚至去誹謗。密宗裡又說這個是聞解脫，那個是系解脫。有些人又不明白了，「一聞就解脫了？一系就解脫了？」那有什麼？種下善根了，還能不解脫嗎？雖然說能解脫，但是沒有說立即解脫。自己不明白，然後盲目去誹謗，不能這樣。

　　在我們《大圓滿願文》裡講：「一切勤作即為修習過」，一說沒有什麼可修的，有人心裡就不接受了。這是無修而修，不修也是修。這些道理在你還不明白的時候，別去說這說那。很多大德高僧以各種形象，用各種方法傳播佛的智慧，傳講佛講的真理，這個時候也不能說這說那。各有各的度化眾生的善巧方便，所以不要輕易去判斷，說「好」或「不好」，珍惜自己的緣分就OK了。「不謗不讚陌生師」，自己不了解，不明白的時候，不讚嘆，也不誹謗，是最好的選擇。

若是自己有智慧，可能一切都是竅訣；若是自己沒有智慧，可能都不是竅訣，這都不好說。什麼是竅訣？讓你開悟，讓你成就的方法都是竅訣。不同眾生有不同的根基，不同眾生有不同的緣分，所以不要隨便說。自己把握住這樣一個解脫的機會，珍惜的緣分就可以了。

　　雖然說「法門無量誓願學」，但不是每個法門都要去研究，去學習；十方三世的佛菩薩，包括具德的上師、善知識們都是我們皈依的對境，都是我們的怙主，但不是要挨個去頂禮。一精通一切精通，親近一個善知識，就是親近一切善知識。珍惜自己的緣分！我們有時候強調一門深入，這也是一個方法。什麼意思？就是告訴你，心態要放下，不要總是飄忽不定的，飄忽不定是你成就最大的障礙。在修行的道路上，你的兩隻腳還沒有站穩，然後還東抓抓，西抓抓，東跑跑，西跑跑，容易跌倒啊！一旦跌倒了，很難再站起來。

今天講的是修行要靠一心，要靠堅定的信念。就像我的上師法王如意寶講的那樣：「不擾亂他人的心，也不動搖自己的決心。」這是一個智者的做法。大家要這樣學，這樣修，就不會造業，成就還很容易。但對五花八門的一切法門，一切上師善知識，我們都要恭敬。

心裡沒有分別，沒有煩惱，心態平靜，清淨，就是安忍——不畏甚深法義之安忍。

沒有分別也是有分別，沒有分別而分別。我們講，平等而不平等，沒有分別而分別。這兩個看似矛盾，實際不矛盾，這就是超越，就是我們講的所謂的空性。任何時候都分別是不對的，任何時候都不分別也是不對的；任何時候都取捨是不對的，任何時候都不取捨也是不對的。取捨而不取捨，不取捨而取捨；分別而不分別，不分別而分別。這是什麼狀態？現在沒法形容了，還是用這兩個詞吧——了了分明，如如不動。

生活中的六度波羅蜜

## （四）生活中的精進波羅蜜

寂天菩薩在《入行論》裡講，精進是喜於善，是喜歡善法，對善法有歡喜心。若是發自內心地特別喜歡善法的功德，特別喜歡做善事，就是精進。如果沒有歡喜心，即使表面上學佛修行再刻苦，也沒有精進。而我們現在的狀況是不僅不精進，很多時候甚至很懈怠——喜歡瑣事，喜歡造惡業。

　　我們為什麼不精進呢？就是沒有相信佛法對我們的幫助，給我們的利益；沒有明白，也沒有深信修行對我們的重要性。若是你的相續中真正有佛法，你真正有修行了，什麼都會有——世間的健康、平安、錢財、權力，要什麼有什麼。為什麼這麼說？因為佛法是解除煩惱，擺脫痛苦的方法。你學佛了，修行了，若是沒有解除煩惱，沒有擺脫痛苦，你還是沒有真正的佛法，還是沒有真正的修行。

　　你念佛了，誦經了，這是不是在學佛，是不是在修行？不一定。若是沒有對治煩惱，若是沒有解除痛

苦，就不是佛法。得到一分佛法，就會減輕一分痛苦；得到一分智慧，就能減少一分煩惱，因為它是對治法。對治煩惱、解除痛苦是什麼意思？就是世間的福報自然就圓滿了。否則，若是世間的福報不圓滿，就還是有煩惱，還是有痛苦。什麼意思？意思是說，你學佛了，修行了，自然健康，自然平安，自然順利，一切都如願以償。這個功德、利益是不可思議的，但是我們沒有明白，也沒有相信。

現在對你的要求不高，你能像喜歡錢一樣地喜歡佛法就行——為了得到一百萬、一千萬元，什麼都肯做，有這種心，你就算是精進了。其實錢財和佛法能比嗎？但我們為了得到錢財，不僅不吃飯，不睡覺可以，甚至當牛做馬都行。為什麼這麼不顧一切？因為我們太喜歡錢了。我們從小到大，從少到老，每天起早貪黑，這樣奔波，這樣艱辛，就是為了錢財嘛！為什麼我們的動力這麼大？為什麼錢財對我們的吸引力這麼大？

為什麼為了錢財，我們能這樣付出？為了它不顧一切地做事？就是因為我們太喜歡錢財了。我們為什麼這麼喜歡錢財呢？因為雖然錢只是一張紙，但是我們知道它給我們的利益。

我們目光短淺啊！錢只能給我們暫時的利益，只能解決我們暫時的，衣食住行上的，表面上的一些問題——這還是往好的方面想。但它根本解決不了我們心靈上的，永久性的問題。也許我們擁有的錢財越多，內心的煩惱越嚴重，將來遭受的災難越大。但是這些都不說了，只說目前的利益。為什麼我們這麼喜歡錢呢？就是因為知道錢給我們的利益，錢對我們的幫助，我們是相信這點的。其實從這一點上，可以說很多人都談不上是學佛人，因為他們只相信錢對自己的利益和幫助，不相信佛法對自己的利益和幫助，只相信現實，不相信佛法裡講的甚深的道理。

我們現在就把錢和佛法比較一下，把掙錢和修行

比較一下。錢能比得了佛法，掙錢能比得了修行嗎？我們真有佛法，真有修行了，才能真正獲得我們所求的利益。我們不是求健康，求平安嗎？我們所求的健康、平安、順利、如意等，錢解決不了，但佛法能解決啊！修行能解決啊！若是你真有佛法，真有修行的話，你的身體自然就健康了，因為你的心態好了，心情好了，心清淨了，心裡輕鬆了──心清淨了，身體自然就好了。

我們現在求的是平安，但即使你有錢財了，也不一定能給你帶來平安。現在很多人家破人亡都是因為錢財。有錢了，有權了，就出這些事了。若是沒有錢，沒有權，也許不會出這些事。但若是有佛法，有修行的話，家庭自然就平安了。你在家裡無私地奉獻，無私地付出，家人能不感動嗎？能不被感化嗎？家人被你感動，感化了，到那時對你心服口服，滿懷感激，你想一想，這樣的家庭能不平安嗎？所以若是你學好，修好了，就會事事順利。

我以前也講過，若你心態好了，只有正知正見，沒有邪思邪見，沒有妄想，沒有妄念，能不事事順利嗎？我們今天用生活中的語言來講，什麼叫邪思邪見？就是經常想一些不該想的，念一些不該念的事，叫邪思邪見。什麼叫妄念？什麼叫妄心？妄就是沒有用的，很多時候我們想的，心裡念的都是沒有用的。這個心一直沒有閒着，它在想什麼？它在胡思亂想。你仔細觀察觀察自己，現在心裡在想什麼，在念什麼？若是邪思邪見沒有了，妄想沒有了，妄念沒有了，剩下的就是正知正見。什麼叫正知正見？就是想該想的，念該念的。

　　想的都是有用的，都是精華，都是本具的智慧，該想的都能想到，該做的都能做到，能不事事順利嗎？能不事事圓滿嗎？事事順利了，事事圓滿了，那個時候就心想事成了。得到的健康平安、吉祥如意這些利益，不是一生一世的，而是生生世世的，是永久的。這都

是誰給我們帶來的？是佛法給我們帶來的，是修行給我們帶來的。若是你沒有佛法，沒有修行，你不會有這些，不會是這樣的。你再有錢，再有權，再有神通，也沒有用。

我們離開佛法，離開修行了，就相當於離開活法了，就沒有快樂的活法了——只有痛苦，沒有快樂；只有煩惱，不會有輕鬆、清淨的時候。真的，佛法、修行對我們的利益和幫助真的是不可思議的。若是我們有佛法，有修行，就會獲得世間、出世間一切的福報。什麼意思？福報、智慧都圓滿：一切智慧圓滿了，心裡就沒有任何的障礙；福報圓滿了，一切都是善巧方便，行為上就沒有任何障礙。因為通過佛法，通過修行，你的思想和行為都已經規範了。規範就是恢復正常了，也就是回歸當初了，還能有障礙嗎？一切障礙都消失了。

現在我們每天都在念經、持咒、修法，而念經的

功德，修法的功德，乃至每一部經的功德，每一個咒語的功德，都是真實不虛的。今天我們受持八關齋戒，在這裡聽聞佛法，功德、利益都是不可思議的——你們多看看這些功德和利益，讓自己生起歡喜之心！

可現在有些人對修法沒有太大的興趣，也不太相信。「雖說學佛的功德、利益如此廣大，經我念了好多部，咒我也念了好多遍，但是沒有用，業障還是沒有消除，福報還是沒有顯現，整天還是這麼煩惱，還是這麼倒霉。」沒有辦法，這是你個人的問題。法本身有功德和利益，修行本身也有功德和利益，但是你自己修行不到位，沒有得到這些功德和利益。

我經常強調：法要融入相續，修行要融入生活。法和相續相結合，修行和生活相結合，這樣才能解決問題。而你沒有這樣做啊！法和相續脫節，修行和生活脫節。東就是東，西就是西，肯定解決不了問題。

相續就是我們的心態，你觀察一下自己的心態：

自己的心態不穩定，很暴躁，很糟糕……你想改變嗎？若是想改變，就要將法融入相續，依法對治自己的相續，依法對治自己的煩惱、習氣。相續改變了，心態改變了，一切就都改變了。

改變相續，改變心態要靠佛法，要靠智慧。說實話，靠其他的宗教信仰，也許會更難，不可能圓滿。佛講的是智慧，佛的智慧是最圓滿的。所以，你要靠佛法和修行，靠智慧和正知正見，才能改變自己的相續，調整自己的心態；才能打開心量，敞開心胸，包容一切。若是你的心量打開了，自己也具有了圓滿的智慧，一切都是通達無礙的，一切都是圓滿的。

我們現在學佛修行，就像有病亂抓藥，亂吃藥一樣，都是自己定：這個肯定好，吃一吃；那個也肯定好，吃一吃……自己給自己診斷、下藥，佛和善知識對你來說就不需要了。難啊！這樣你就沒希望了。藥本身能治病，但是你亂抓亂用，就危險了！不僅治不了病，

甚至把自己的命都搭進去了！你學佛修行治療煩惱是好事，但若是這樣，就会把自己的慧命搭進去了。

為什麼拿這個比喻來說明呢？因為這個問題真的很嚴重啊！如果我們到醫院不聽醫生的，而是自己亂抓藥，亂吃藥，這樣你的病情就惡化了，甚至你這條爛命就要斷送了，沒有別的可能性。你若是這樣盲修瞎練，斷送的是解脫的慧命啊！後果是非常嚴重的！

我經常強調，大家不要盲修瞎練。否則還不如不學，還不如不修。你們多想想這個比喻，也許就能深切地體會到盲修瞎練對自己的危害及其嚴重性了。

我們不能懷疑佛法，更不能埋怨佛陀。「我誦經念佛了，也打坐修行了，也做了很多善事，為什麼還不如意啊？」開始埋怨佛了。

我也多次強調：學佛修行必須要如理如法！為什麼在皈依的時候要發誓以佛，以上師善知識們為導師？就是要聽從他們的教言！在自己沒有真正開悟見性之

前，都要靠佛和善知識們的引導。等到你真正登地的時候，現量開悟見性，見到了諸法的實相，也許你能自立，之前不能。

這些問題你要仔細地思考。其實都是自己的問題，學佛修行本身的功德、利益是不可思議的。若是你明白了，深信了，就會生起具足的信心，內心自然就歡喜了。

為了學佛修行我們應該怎樣付出都行，因為學佛修行對我們的幫助和利益太大了，真的是不可思議！我們要解脫，要圓滿，要真正獲得永久的快樂和幸福，唯一的方法就是修持佛法。若有這樣的認識，你自然就精進了。

想改變生活狀態也是一樣。你生活中、工作中的這些坎坷、挫折，想改變也要靠修行。不是要逃避，而是要面對。如果你有決心和勇氣，這些都不是問題，都不是事兒。真的，把自己塞進去，塞到生活、工作

裡去練，才能練出來——智慧就是在人和事之間磨練出來的。

修行不離生活，佛法不離世間。若是自己真正有修行，輪迴並不可怕，世間也不複雜，因為原本都是很簡單的。這些複雜都是自己的煩惱——你的心複雜了，一切都變複雜了。其實一切都是很簡單的——緣來緣去，緣聚緣散，緣生緣滅，都是很自然的。你覺得沒有事就不會有事，你覺得好就是好。

把佛法融入相續，把修行融入生活，這樣才能解決問題！但是現在很多人都不是這樣的，學佛都不如法，修行也不如法。若是你學佛、修行不如法，佛也會變成魔，正法也會變成邪法。你學的是不是佛法，主要看你自己的心。若是它能真正讓你不煩惱，它能幫助你減輕痛苦，那它就是佛法。若是你雖然在學佛，但在表面上修行，給自己帶來了煩惱，給自己增加了痛苦，這樣，佛法就變成了邪法，變成了你煩惱的因，

痛苦的因了。是佛還是魔在於你的心，不在於相上。

　　我們有一句法語：「一切的顯現都在給我們表法，都讓我們解脫。」若是你真的能從中開悟，通過這些機緣能讓自己成就，那就都是佛。若是你沒有把握住，對這些顯現既分別，又執着，然後向它求這求那，求不到就埋怨，甚至生起煩惱而造業，這樣，這些顯現都變成了你煩惱甚至痛苦的因素了，就都是魔了。

　　這些顯現其實是佛。「怎麼會是佛呢？」是佛呀！佛有法身佛、色身佛。法身佛是自性清淨的佛，是一切眾生本具的。色身佛包括報身佛和化身佛。報身佛是清淨的，化身佛有各種各樣的化身。化身佛有五種化身，其中有一種「種種化身佛」，就是指我們所能看到的，感覺到的這一切。

　　是不是佛，就看能不能讓你開悟，讓你成就。什麼叫開悟、成就？就是能讓你發現錯誤，讓你改正錯誤。我們有一句法語：「發現錯誤叫開悟，改正錯誤叫成就。」

幫助你發現了錯誤，改正了錯誤，就是佛了。就看你
自己的心。

　　佛法的功德、利益，修行的功德、利益，太不可
思議了！但為什麼你學佛了，修行了，卻沒有得到呢？
是因為你自己修行不如法，這是你個人的問題，不是
佛法的問題；這是你個人的問題，不是佛的問題。

　　佛法就像能治病的藥物，我們就像患者，佛、善
知識就像醫生，我們的寺院、道場就像醫院。佛在《華
嚴經》中有這樣的比喻，就是四想：自己為病人想，
因為我們有貪嗔癡慢疑等煩惱病，使我們在六道輪迴
中受盡痛苦。我們為什麼六道輪迴？就是有煩惱，就
是有業障。在六道輪迴中，我們感受的那些痛苦，都
是不可想象的！所以佛說，我們這些眾生為病人想，
就像病情特別嚴重的患者；善知識（佛在的時候是佛，
後來是具德的善知識）為名醫想，就像醫生；佛法為
藥物想，就像中藥、西藥等各種藥品；修行為治療想，

修行就像治病。我們再加一個：寺院、道場為醫院想，寺院、道場就像醫院。你痛苦、輪迴的根是什麼？是煩惱。你要治療貪嗔癡慢疑這些煩惱病，佛法是最好的藥物。

## 精進

精進分三種，第一種是擐甲精進。我們上戰場，就要披擐甲。修行也是一場戰爭，要跟誰戰鬥？跟自己的煩惱、習氣戰鬥！要有斷煩惱、斷習氣的決心和信心，以正知正見，以智慧，跟煩惱、習氣作戰！煩惱、習氣不是很容易就能降伏的，也不是很容易就能打敗的，無始劫以來的串習，哪有那麼容易戰勝啊！但是你要有決心和勇氣，「不解脫不罷休！不圓滿不罷休！不戰勝自己的煩惱、習氣不罷休！」尤其我們修的是「淨土與大圓滿法」，藏傳淨土法，光明大圓滿法都是今生解脫、即身成佛的方法。「我得到人身，聞到佛法了，有幸遇到了淨土與大圓滿法，今生不解脫不罷休，不

即身成佛不罷休！」心裡要有這種毅力、決心和勇氣。

第二種是加行精進。剛才只在心裡下決心，加行精進是指有行動了，開始落實了。以佛法、以正知正見去對治自己。佛法就像面鏡子，用這面鏡子照自己，糾正自己，改變自己。現在就開始做，一會兒下課就開始做，不能一拖再拖。不是說過麼，學佛修行要像懦夫懷裡鑽蛇，美女頭上着火一樣馬上行動。這是比喻。懦夫膽子特別小，他特別害怕蛇。有一天，一條毒蛇鑽進他懷裡了，他會等嗎？哪有「等」這樣的事？他會立即站起來跑掉。

美女覺得自己特別美，特別漂亮，頭上突然着火了，她會等一會兒嗎？會讓火燃一燃嗎？不會的，她會立即撲火！這是比喻。我們的生命等一切修行的機緣都是無常的。今天我們得到了人身，這是我們的福報，是我們解脫的機會啊！但它是無常的，因為我們隨時都有死亡的可能；今天我們遇到了這樣的學佛修行的

機緣和條件，也是無常的，隨時都可能失去了。所以，我們要抓緊時間，和無常賽跑。在無常沒有到來之前，要成辦解脫的利益，使自己的福德和智慧達到圓滿！

我們得到人身了，聞到佛法了，現在就要開始轉念了，拿佛法對照自己，用佛法來改變自己。不能一拖再拖，不能在這兒只聽一聽就完了。也許有些人沒有聽到，沒有聽明白；也許有些人聽到了，聽明白了，但沒有記住，沒有更深地去思維，去深入領會。這樣都沒有多大力量，沒有多大意義！若是真心想解脫，想成就，就要把佛法落實到生活、工作中去，現在就開始行動！

其實我們語言上明白得已經夠多的了，只是行動上不做不用而已。若是我們在生活中真正運用佛法了，真正落實佛法了，就夠了！「既然夠了，那您天天還講那麼多幹嘛？」因為有的人明白，有的人不明白；有的人能領悟，有的人不能領悟，所以就要不停地講，

通過各種渠道，通過各種方便講，也許他今天沒悟到，明天就能悟到了；也許他今天沒明白，明天就能明白了。雖然你語言上明白得很多，但是行動上沒有落實，沒有用！加行精進就是指行動上的。要把佛法落實到行動上，一剎那也不等，馬上開始！

第三種是不滿精進。我們現在學佛修行的狀態是：「哎呦，聽了一個小時的法了，輕鬆輕鬆吧！」「哎呦，念了一個小時的經了，放鬆放鬆吧！」稍微有一點點成果，稍微明白一點點的時候不能滿足！修行要持之以恆！我經常強調，要在生活中、工作中學佛修行。你們一天抽出一個小時，最多抽出兩個小時修行，就覺得自己很精進了。「早上一座，晚上一座，兩個小時打坐啊！」「哎呦，我今天念了一上午的經，我挺有修行啊！」就滿足了。這就沒有不滿精進。

我們以為自己上課了，聞法了就是學佛修行了，覺得自己已經學了，修了，已經很精進了，這是錯誤的！

不滿精進是：無論是在上座的時候，還是在下座期間；無論是在生活的時候，還是在工作的時候；無論是在吃飯的時候，還是在睡覺的時候，都不停地去學佛修行，最後將一切都變成學佛修行的方法，行住坐臥都變成修行的過程。

只有將吃喝玩樂都變成了修行，你離成佛才不遠了，離成就才不遠了。所以大家要時時提起正念，時時提起善念，串習嘛！阿賴耶識當中不要總是裝那些沒有用的、不好的東西——或是已經腐爛了的不淨物，或是毒物。別裝這些！盡量提起正念，提起善念。你所積累、所串習的，都是在阿賴耶識當中種下的種子，是可以帶走的。就像一個家庭里的兄弟姐妹，雖然是同一個父母所生，在同一個家庭裡成長，但都不一樣。有的有善根，有的沒有善根；有的有福報，有的沒有福報。為什麼？就是因为前世修的不一樣，所以緣分不同，福報不同。

這次觀音法會中講六波羅蜜，講的是在日常的生活中如何修持布施波羅蜜、持戒波羅蜜、忍辱波羅蜜、精進波羅蜜等六度。布施、持戒、忍辱、精進，若是有智慧的攝持，就是波羅蜜；若是沒有智慧的攝持，都不是波羅蜜，都不是成佛的因，都不是圓滿的因。做任何事情都要有智慧的攝持，包括我們念經念佛，包括我們吃飯睡覺，都要有戒定慧三學的功德。戒是淨，就是三門清淨，尤其是心清淨。心是言行的主宰，心善了，言行也是善的；心清淨了，言行也是清淨的。心淨、心正就行了。

　　有的人說：「我的發心是好的，心態是好的。」但這也要有智慧的攝持。如果你的發心是好的，你的心態是好的，但若是沒有智慧的攝持，就不能變成功德！因為戒定慧是不能分割的。

　　做任何事情也要有定──禪定，即要有堅定的信念，有一個很穩定、穩固的心態，不動搖的決心、信念

理想。什麼信念也沒有，什麼見解也沒有，就是瞎弄瞎做。

很多人認為，自己挺有理想，挺規矩。佛法裡經常講「堅定的信念」，經常講「見解」。什麼叫見解？有自己的人生觀、社會觀，並且對這些見解的信念是不動搖的。宇宙人生的真相、真理是佛講的，對佛講的真相、真理有堅定的信念，有不動搖的見解就是定。任何時候都不跟別人跑，不跟業力跑，不跟煩惱跑。自己有堅定的信念，有見解，自己做自己的主！也許在人生這個舞台上，我們要扮演很多角色，但還是要做自己的主宰。有的人跟着別人瞎跑，認為是在恆順眾生。這不是恆順眾生。

做任何事情也要有智慧，要覺而不迷！不管是物質還是精神，一切都是了了分明、一清二楚。對過去、現在、未來，世出世間的一切顯現，一切法都了了分明。這樣一說，是不是覺得有點太深奧了？其實不深奧。一切法都是一個性，一個自性。把緣起性空的道理弄

明白了，一切都離不開緣起性空的真理，所以一精通一切精通。

三藏——經藏、論藏、律藏主要是描述戒定慧的，怎樣去圓滿戒定慧，講的就是這些道理和方法，但這是教法，不是證法。我們真正要解脫煩惱，要圓滿自己的人生，要靠證法。證法指戒定慧三學。這些教法，講的是戒定慧三學的功德，我們學佛就要學三藏，修行就要修三學的功德。精進指的就是這個。

剛才說的摜甲精進，主要是心裡下決心，做決定。我們有四弘誓願：

一、眾生無邊誓願度。雖然眾生是無量無邊的，但「誓願度」：我要度盡他們。是我們要度眾生，不是眾生要度我們，這個別弄錯了。但我們很多時候都是想從眾生那裡得到什麼，想從佛菩薩那裡得到什麼。這是錯誤的。

我們要打開心量。心量越大，功德越大；心量越大，

煩惱越少。所以真正的學佛人沒有所求——只有奉獻，不求回報；只有付出，不想獲得什麼，不求獲得什麼。有了這種決心，好好修行，世間的這些福報自然就有了。即使不想要也有，躲也躲不掉。我經常講，火點燃了，灰自然就有。到時候健康、平安等世間的名聞利養，根本不用求。

二、煩惱無盡誓願斷。煩惱是無量無盡的，但是「誓願斷」，要跟煩惱做鬥爭，要跟習氣作戰。煩惱雖然無量無邊，習氣雖然非常頑固，非常嚴重，但是也要斷，應該是這種心態。但我們現在是向煩惱、習氣投降。修行就像在戰場上打仗，肯定有失敗的時候，也許煩惱突然生起來了，沒能對治，「哎呦，還得想辦法，不能投降啊！雖然這次沒有取勝，但是下次要注意啊！煩惱什麼時候冒出來，從哪裡冒出來不好說，我要注意點。」真的，你不能投降。「煩惱無盡誓願斷」——這個決心應該永不動搖！

三、法門無量誓願學。學佛修行應該像飢餓的犛牛吃草一樣，前面的一口還沒有吃完，就看着下一口。我們在修行的過程中也一樣，早課還沒上完的時候，就要計劃下課以後怎麼去對治自己的煩惱和習氣。若是自己在哪個對境中失敗了，就反思一下：「剛才那個人對我說了一些不好聽的話，我就生氣了，以後我要注意點。」一會兒，也許又有人說你了，但這時你早就有準備了。這是舉個例，我們就要這樣修行。

現在都愛說：「念佛好，我要念佛！」不是因為你知道念佛法門殊勝而對它真正生起信心了，你就是圖方便，覺得容易！認為只念「阿彌陀佛」就行了。其實就是懶，圖簡單，沒有別的。我們不能這樣！念佛好，念佛法門也殊勝，但是你得學啊，你得修啊！我們要把一切都變成念佛，要在一切境當中念佛，那時就圓滿了。念佛要達到一心不亂，意思是不論做什麼都是在念佛——我今天做飯是在念佛，吃飯是在念

佛，睡覺是在念佛，幹活也是在念佛……念佛不是只念「阿彌陀佛」這四個字。

若是你以一種覺悟的心態，做任何事情都是在念佛。我們修早晚課，做除障法，都是在念佛，因為我們有生起次第和圓滿次第的攝持，也是以清淨和覺悟的心態去念，所以說都是在念佛。學佛的就是念佛的，修佛的就是修淨土的。但你要明白什麼叫念佛，什麼叫修淨土，糊裡糊塗是不行的。

四、佛道無上誓願成。雖然我現在離成佛很遠，我的境界和佛的境界差距也很大，但我必須要成佛，不成佛我誓不罷休。

「眾生無邊誓願度，煩惱無盡誓願斷，法門無量誓願學，佛道無上誓願成。」就下這樣的決心，做這樣的決定。若能真正下決心，做決定，真正有這樣堅韌的毅力，一切違緣和障礙自然就消失了。

此外，只說沒有用，要落實，要有實際行動，這

就是加行精進。

我們天天念《普賢行願品》,「普能清淨諸行海」,「諸行海」,海代表無量無邊,行海就是指一切的行為。「普能清淨」,都變成清淨了。一切的行為都變成修行了,都變得清淨了,就要這樣。不是只在打坐的時候,不是只在誦經的時候。「普能清淨諸行海,圓滿一切諸願海。」佛菩薩所發的願猶如大海,也是無量無邊的。「修行無倦經劫海」,「哎呦,我學佛這麼多年了,現在應該快成就了吧?我修加行這麼多年了,現在是不是可以了?」就想懈怠,開始不想上課了,不想打坐了。應該在無量無邊的劫中修行,無有疲倦。學佛沒有間斷的時候,修行沒有間斷的時候,不會有疲倦的時候,也不會有滿足的時候。因為你真正學佛了,修行了,學佛本身就是一種享受,修行本身就是一種快樂。「哎呦,是不是成佛了還要念啊?」是,不念而念。是要念的,但是念的時候是輕鬆的、自在的,是快樂無比的,

那是一種無比的享受，有什麼難的啊！所以不要總想走捷徑。「哎呦，我要走捷徑，我要走方便道。」就是想偷懶！你如果以這種心態去修行，永遠不會成就。

修行要靠毅力，靠堅定的信念。若是你真正有堅韌不拔的毅力，有堅定的信念，解脫、成就也許就在當下。所以大家的心量不要總是縮着，目光不要這麼短淺。心量大一點，目光放遠一點！「修行無倦經劫海」，就是在無量無邊的劫中修行，無有疲倦。學佛修行不間斷，以這種心態學修，成就就快了。

但我們現在是這種狀態：「四外加行什麼時候能學完？五內加行什麼時候能修完？是不是三年？哎呦，時間太長了。」這裡說的是「經劫海」，不是一年，兩年。「哦，要在那麼漫長的時間裡修行啊！」就要有這樣的心態。有這樣的心，也許成就就快了，就在眼前了。講的都是心，都是心態。因為修行是靠心態的，成就是靠心態的。

生活中的六度波羅蜜

# （五）生活中的禪定波羅蜜

禪定主要是心專注，不動搖。在這樣的所緣當中，也可以說在這樣的狀態當中讓心專注，不動搖，就是禪定。禪定有世間的禪定，也有出世間的禪定。若是所緣或狀態沒有超越欲界、色界、無色界這三界，就屬於世間的禪定。若是所緣或狀態超越了三界的境界，就是出世間的禪定。世間的四禪八定都只是寂止，沒有勝觀。寂止有普通的寂止和與勝觀雙運的寂止，勝觀主要指智慧、見解。佛法裡講的禪定是寂止和勝觀雙運，是定慧雙運。

　　禪定也要有智慧的攝持，若是只有寂止，沒有智慧的攝持，只能成就世間的一些境界，成就屬於世間的一些法，不能解脫，無法超出三界。輪迴是怎麼形成的？有業力的牽引就是輪迴。業是怎麼形成的？因為有煩惱，有煩惱才會造業，煩惱的根是我執。我們要擺脫輪迴，要超出三界，就要有無我或空性的智慧。

佛法裡講的禪定也不只是寂止，要和勝觀雙運。什麼意思？就是要有智慧的攝持。有無我和空性的智慧的攝持，才能對治我執和法執。若是你對治了，去除了我執和法執，煩惱就結束了；沒有煩惱了，就不會造業了；不造業了，輪迴就結束了。

寂止有有緣寂止和無緣寂止。有緣寂止就是有所緣相，無緣寂止就是沒有所緣相。

世間的禪定，比如一禪、二禪、三禪，都是有所緣相，所以都屬於有緣寂止；無想禪就沒有所緣相，是一個無記的狀態，什麼也不想，也能達到禪定的境界，但它屬於無想、無緣的。

佛法裡講的出世間的寂止，也有有緣和無緣的分別。比如，修慈心等持、悲心等持，心專注於這樣一個念上或者這樣一個狀態上，保持這樣的一個念頭不動搖，這也是有所緣相，屬於有緣寂止、禪定。再如觀想，我們觀想阿彌陀佛、金剛薩埵佛，有這樣一個

所緣，有阿彌陀佛、金剛薩埵佛的相，在這樣一個對境、所緣當中，心能安住，不動搖，這也是一種禪，是有緣寂止。出世間的禪定也有無緣寂止（禪定）。比如，在無我和空性的狀態中去領悟真理，若是自己有證量，有證悟的境界，保持那種狀態，在那個狀態中，心安住，不動搖，就是無緣寂止，也是禪定。再如，我們現在講的觀修和靜修，觀修就是思維這些法義，觀想佛、菩薩、本尊等，這都屬於有所緣相，是有緣寂止（禪定）；而靜修主要是心在自己的見解當中安住，屬於無緣寂止。

心在這個狀態或者所緣當中專注，不動搖，不散亂，這就是禪定。我們現在是剛開始，心專注的時間可能很短，慢慢地時間就長了，最後沒有上座和下座，入定和出定的區別，一直都在這樣的狀態中，但是什麼也沒有耽誤。真正達到了了分明、如如不動時，就是成佛了。沒有成佛之前，有入定和出定的區別，入

定與出定時，或者在上座和下座時，心的狀態都不一樣。最後練到心沒有入定和出定的區別，沒有上座和下座的區別，一直都在一個了了分明、如如不動的狀態中，那時就是成佛了。

若讓心能真正專注、不散亂，也不是任何人都能做到的。小乘裡講心專注、安住的九種方式，包括計數、隨行、安止、觀察、轉移、遍淨等。外道也有很多類似的修禪方法，但是他們即使修得再好，也只能修成四禪八定，成為神，屬於天界的境界，超不出三界，還是不能徹底斷掉煩惱。我們現在講的不只是禪定，還要有智慧的攝持。不只是寂止，還要和勝觀雙運，這樣才能解決問題，才能對治煩惱，才能擺脫三界輪迴。

我們現在也有定中修慧，不管我們是否徹底明白諸法的實相真理，都必須要定，心要安住，不能散亂，就要這樣修煉。現在主要講兩個要訣：其一是身遠離憒鬧，其二是心遠離妄想。這樣心才能安住，才可以

專注而不散亂，才能安住而不動搖。憒鬧就是指人多事雜的環境，我們的身要遠離這樣的外境，而心更要遠離紛繁的妄念與妄想。但是現在我們主要還是打好基礎，修出真正的出離心。若是沒有真正生起出離心，心真的很難靜下來，更難定下來。

離開紅塵，遠離鬧市，這主要是小乘裡強調的。大乘不是很注重這些，主要是我們自己心裡要有定力，不受這些因素的影響。所謂遠離憒鬧的環境，主要強調的是你要不受外在環境以及周圍人的影響。若是你沒有真正生起出離心，即使身遠離了憒鬧，住在山洞、森林裡，也沒有用，因為心還是定不下來。所以現在要講的是出離心，超越世間的這些環境——人、事、物，你就沒有事了。

我們作為在家修行人，作為大乘行者，要離開這樣的環境，要離開這些眾生，可能暫時沒有辦法。作為一個大乘行者，離開這個環境，離開這些眾生，實

生活中的六度波羅蜜

際上也是不對的，不應該遠離社會。那我們應該怎麼辦？我們是在家修行人，沒有辦法拋棄這一切，也不能拋棄這一切，現在就要修出離心，首先要有出離心。

出離心就是我們的心要超越這一切。四外加行的內容是生起出離心的方法，包括人身難得、壽命無常、輪迴過患、因果不虛這些道理。如果修好了四外加行的內容，出離心自然就生起來了。

第一，人身難得。如果你懂得了人身難得的道理，就會知道人身是解脫的機會。你懂得解脫嗎？你想解脫嗎？若是你想解脫，人身就是解脫的機會，如果錯過了，就再也沒有這樣的機會了。這樣的話，學佛修行就高於一切了。人身是解脫的機會，這不是誰都可以得到的。因為宿世修來的福報，我們才得到了這樣的人身，才得到了這樣的解脫機會。「一失人身，千劫難復」，你一旦失去了這個人身，再也不可能得到了。因為得人身要具足很多條件啊！現在我們學佛了，

覺得自己很了不起，但若是仔細觀察，我們連得人身的條件都沒有完全具備！

我們在宿世中積累了無法言說的善根和福報，才得到了這樣的人身，遇到了這樣解脫的機會，多不容易啊！但是這個人身在剎那當中，在呼吸之間就會失去。若是你真正懂得「人身太難得了，解脫的機會太難得了！」，世間的這些瑣事自然而然就能放下了，自然而然就能看淡了。人身難得——這是解脫的機會，就要利用這個機會來成辦解脫——就是取決於這個心。

如果把佛法放在一邊，把解脫放在一邊，然後去生活、工作，去做世間的事，這叫瑣事、世間；若是把解脫放在首位，把修行放在首位，然後去生活、工作，就不是世間，也不是瑣事了——生活、工作都是了緣了債，都是在成辦解脫。如果你真正修好了暇滿難得，心自然就能靜下來，定下來了。

第二，壽命無常。通過修持壽命無常，我們知道

生活中的六度波羅蜜

自己的壽命是在剎那當中生滅的，每個剎那都可能是生命的最後一刻，所以我們要把握生命中的每個剎那，這叫活在當下。這樣，世間的瑣事自然就放下了。壽命是無常的，一切都是無常的，都沒有恆常的、不變的，變化是正常的，一切都在剎那當中生滅，在剎那當中變化。明白了這些，對世間的貪戀和執着自然就沒有了。

第三，輪迴過患。若是今生我們把握不好，沒有逃脫輪迴，就還要六道輪迴。這一生一世算什麼？過去有很多世，未來有很多世，這一世只是一大卷膠片中短暫的片段而已，有什麼可執着的？若是你能思維過去，也能考慮未來，自然就能放下今生了，就不會為了世間暫時的利益執着地做那些瑣事了。若是你真正明白了，深信了，真的不可能再做那些事了。現在我們為了今生今世這麼一個小小的利益，為了眼前這麼一個小小的快樂，不顧一切地去做，都是因為還沒有明白這個道理。站在六道輪迴的角度看，今生今世

就是一瞬間。六道輪迴是個很漫長的過程，今生今世僅是其中很小很小的一個片段。但是大家還是沒有明白，還是沒有相信啊！不是我們要拋棄什麼，也不是我們要遠離什麼，主要是心要超越。如果知道這都是短暫的，都是虛假的，都是無常的，都是因緣和合的，心自然就超越了；如果明白了這些道理，就不會再被它動搖了。

第四，因果不虛。若是你真正明白了三世因果的道理，就沒有什麼是不能改變的了。我們現在說要改變命運，包括要脫離六道輪迴，都要靠佛法，靠修行。其實，你去賺錢，去做這些世間的事情，都是沒有必要的，只要隨緣去做就可以了。你懂得並深信因果以後，就要從因地入手，從因上改變。比如說你現在很貧窮，要去賺錢，你通過自己的努力勞作去爭取這些都可以，但你首先要明白，你是因為什麼貧窮的。佛講，第一是因為自己吝嗇，第二是自己前世偷盜的果報。那現

生活中的六度波羅蜜

在應該怎樣改變呢？要修施捨心，要多做布施，並且要改變自己的心態，斷除貪心和吝嗇心。無論是在家裡還是在單位，都要多奉獻，多付出，這是方法。這樣才能解決問題，這樣我們自然就精進了。

可見，生起出離心的方法都在四外加行裡。學修四外加行時，大家應該仔細、認真地想，但大多數人都是走馬觀花、蜻蜓點水，沒有深入地思維過，更沒有深入地領會過。若是沒有這些基礎的學修，若是沒有明白這些基本的道理，沒有對這些道理生起定解的話，真的很難，也根本不可能達到剛才我們講的禪定。

若只是寂止，也許通過小乘的九種方式或其他的很多方法也能入定，但是沒有什麼用。因為現在人的思想非常複雜，心態也非常不穩定，所以很難修出來，要下很大的功夫才能修出來。即使心真能定下來，能入定，也許會出現一些神通，最好的可能將來能升天成為神仙。你只修這樣的寂止，十年二十年才能達到

那種境界，但是又有什麼用啊？

　　世間也有修禪的，外道也有修禪的，他們修的過程那麼艱苦、艱難，最終成就了，也只能變成神。即使能修出來神通，將來能上天，能成為色界、無色界的天人，但還是沒有逃脫三界，還是沒有斷除煩惱！三界都一樣，處處充滿痛苦，都不離痛苦的本性。修的過程這麼艱難，最終還是這樣的結果，沒有意義啊！現在很多學佛人都是這種情況。若是你只這樣坐着，也許心能定下來，也許能進入狀態，也許能做到心不散亂，但是有什麼用啊？

　　所以，我今天講的是，你應該把佛講的因果和輪迴這些道理真正弄明白，通達了諸法的實相真理，既有智慧，心又能定下來。這樣做，第一，不用經歷漫長的時間；第二，還能解決煩惱和痛苦。我們把佛講的這些基本的佛理弄明白了，自然就能放下了，也就不用離開鬧市了，心裡的妄念也能減少了。

小乘裡講的出離心是指遠離輪迴邊，大乘的出離心是遠離輪迴和寂滅二邊。小乘修行者為什麼入寂滅了？他是遠離世間的，刻意把世間的這些都放下，他沒有發菩提心，沒有利他心，只是求自我解脫，還是自私自利。作為大乘修行者，不求自我解脫，這樣不會入寂滅，還要回到六道中，還要回到世間。但是他有出離心、菩提心，所以既能把握住自己，還能幫助他人。

　　出離心是保護自己的，有出離心才能真正令自相續保持清淨。只有你的心超越、遠離了世間八法，才能真正把握住自己，才能保持自己相續的清淨。

　　如果有大乘的出離心，你雖然在六道中，但不屬於輪迴，就像蓮花長在淤泥中，但不染於淤泥。你的心已經超越了，世間的這些法影響不到你，你能把握住自己，還能幫助他人。應該先把握自己，再去護持別人，否則，你自己都沒有站穩，還去扶別人，這樣

兩個人都會倒下去，都會完的。所以，你自己要先站穩，然後再去護持別人；先保護自己，然後再去利益他人。生起出離心是保護自己的方法。能保護自己，還能幫助別人，這就是大乘行者。

能把握自己，才能幫助別人。現在我們都不能把握自己，所以不能去幫助別人，也沒有能力真正度化眾生；若是自己真正生起了出離心，對世間法沒有任何的貪戀，沒有自私心，這時，可以有名聞利養，有世間八法，但這些都是利益眾生的一種方便。因為你已經有出離心了，有出離心就沒有貪戀了，不貪戀就沒有貪心、欲望了，世間八法就染污不了你，影響不了你。所以為自己不能修世間八法，為眾生可以修世間八法。因為當你真正有菩提心，真正能利益眾生的時候，也是需要世間的福報的，但是這些不會影響你。

我們雖然身在鬧市裡，但心不受影響，心裡也沒有妄想，這二者是修禪的要訣。我們打坐修禪的時候，

生活中的六度波羅蜜

尤其是剛開始的時候，這些要訣也是很重要的。此外還有身要訣、口要訣和意要訣。身要訣就是書裡講的毗盧七法，口要訣就是九次排濁氣，意要訣就是講特加行的時候講的拆毀心房之竅訣，也就是無我和空性的見解。

毗盧七法主要是調整身的姿勢，九次排濁氣主要是調整呼吸。既要調整身體和呼吸，也要用拆毀心房之竅訣調整心。心就像房屋，我們要拆掉這個房屋，就是將心抉擇為空，這是一種方法。心抉擇為空是中觀的見解，還沒有達到大圓滿的境界；將空抉擇為光明，這是密宗的外密或內密瑪哈瑜伽、阿努瑜伽的見解；繼而在這種空性和大光明雙運的狀態中自然安住，才是真正的大圓滿。這裡為什麼講拆毀心房之竅訣呢？因為要有無我和空性的見解，才能真正進入大光明和大圓滿的境界。拆毀心房之竅訣講的是要有空性的見解。我們要修大圓滿法，心要安住，就要有空性見解

的基礎。大圓滿法裡講的很簡單，就三句：過去心不可得，未來心不可得，現在心不可得——講的是大空性。我們修大圓滿正行的時候，要有這樣的見解。

我們最好有無我和空性的見解，若是沒有這些，最起碼要有出離心和菩提心，心才能定下來。

禪定分三種：凡夫行靜慮（禪定），義分別靜慮和緣真如靜慮。

第一，凡夫行靜慮（禪定）。我們通過前述要訣去修禪，心慢慢地就能靜下來了。這個時候就會出現一些覺受。凡夫行靜慮裡的覺受有樂覺受、明覺受和無分別覺受。你修禪定，只修寂止，也會出現這些覺受。

樂覺受就是一坐，一入定，心自然而然就喜滋滋、樂融融的。書裡講，世間的任何一種喜悅都無法與它相比，出世間的喜樂就更無法說了。你看，入定的時候我們感受到的那種喜樂，一般的世間人都無法能得到，無法能感受到啊！一般的禪定都具有這種樂覺受。

佛法裡講的禪定，也會出現這種樂覺受，但這種覺受什麼也不是，還是處於世間。按佛法裡講的，還是在資糧道的層次上。

明覺受就是能清清楚楚地看到房屋裡裡外外所有的東西，能清清楚楚地看到外邊、山後的東西，這是明覺受。但是，這也什麼都不是。

無分別覺受是沒有分別念，分別心和分別念都暫時生不起來，你所有的分別念都沒有了，好像都消失了一樣。其實這只是一種覺受，不是一種境界。

現在有的人也能稍微進入一些狀態，能稍微有一些覺受，就覺得自己已經成就了，很了不得了。其實這些什麼都不是。剛才說的，什麼樣的覺受都有，但是在這裡講的，主要是這三種覺受。

你進入狀態的時候，真正在禪定的過程中，也許會有這三種覺受，也可能有各種各樣的覺受，會出現一些神通等等，但是沒有用。你從禪定中出來後還是

凡夫，煩惱依舊，習氣依舊。現在有很多這樣的修行人，打坐時很好，一進入狀態，一切的分別念都消失了，但是從那種狀態裡出來，去面對世間的時候，還是一樣的煩惱和痛苦，煩惱和習氣一點都沒減少。因為他只有寂止，只有一點禪定功夫而已，沒有勝觀，沒有智慧，不能降伏煩惱、習氣。所以智慧和正知正見是很重要的。

為什麼說是凡夫行靜慮呢？這還是處於凡夫階段，沒有超越，所以叫凡夫行靜慮。在這個時候，你執着這些覺受，執着這些境與相——想「我有樂覺受了，我沒有分別念了，我有神通。」這時就存在人我執；之後，你還會執着這些明、樂、無分別之法，所以也存在法我執。人我執和法我執都在，所以這種禪定不能成為解脫的因。這是世間的一個禪修階段，所以是凡夫行靜慮。

第二，義分別靜慮。當進入義分別靜慮的時候，

你不執着這些覺受，也不執着這些境相，這時你有空性的見解，但是你所具有的空性的見解可能只是個單空，空性是對治法，你對空性有執着，所以這是義分別靜慮。你已經接近了真理，但是你對真理還有分別，所以有分別心。

第三，緣真如靜慮。這種禪定已經是登地的境界了，即是見道和修道的禪定。你不執着顯相，也不執着空相——不執着相，也不執着空。你不執着這些覺受，這些境相，所以這個時候是「緣真如」，和佛的禪定基本相同了，這種禪定才能真正對治煩惱和習氣。雖然和佛的境界相比，可能還差很多，但是你已經真正有那種禪定了。

修禪定的過程是很漫長，很艱辛的，但我們大圓滿法是慧中生定。我們今天所講的禪定的要訣，就是出離心和菩提心。如果把出離心和菩提心修出來了，修禪定就容易了，自然而然就能圓滿了。

我們在日常生活中修禪，就是要提起善念，提起正念，保持正知正見，然後專注。若是有無我和空性的見解，就提起這種正念，然後盡量於此正念中安住。若是沒有無我和空性的見解，有輪迴、因果等這些正見，也可以在其中安住。

時時提起正念，時時提起善念；保持正念，保持善念，在日常的生活當中，在日常的工作當中，保持這樣的狀態，一秒鐘也行，一分鐘也行。也許剛開始時間很短，但是沒有事，這樣積累起來特別快。大圓滿中有個比喻：像老房子滴水一樣。以前我們藏地的老房子，都是用土壘起來的，特別厚，下雨的時候，房頂會積很多水，雖然有很多水，但水不是一下子就漏下來的，而是一滴一滴漏下來的，時間會很長。我們也要這樣一點一點的提起正念，積累起來，這是特別快的。

有時候我們也在固定的時間、環境中修禪，剛開

始也是需要的。但是，現在我們主要講的是怎樣在日常生活中修禪定。

我們都是佛弟子，都有一些正知正見，應該時時提起並保持這些正知正見，就像滴水一樣。不要一上完課或者一下座，就將這些放在一邊，為生活的瑣事忙碌去了，這樣修禪特別難。而要落實到日常的生活、工作中。

雖然在生活、工作，但是也可以提起正見，保持善念，這也是禪。一秒鐘不散亂，這也是禪。這樣積累起來，就如同滴水一樣，滴一滴水沒什麼，但是慢慢積累起來，再大的容器也能裝滿。雖然提起、保持一秒鐘的正念或善念微不足道，但是你可以積累起來。剛開始一秒鐘一秒鐘地積累，將一天的正念總集起來有一個小時，即使沒有一個小時，哪怕有一分鐘也行啊！第二天可能再增加到幾分鐘，第三天可能是幾十分鐘，第四天可能是一個小時，然後慢慢地可能更多，

慢慢地就能保持幾個小時了，再然後就能保持十二個小時了，那就不得了了；再繼續下去，最後二十四個小時都能保持正念，都在正念中，這樣就成佛了。

這樣邊生活邊修行，邊工作邊修行，有一天不知不覺地就成佛了！如果你找個地方，抽出時間閉關修，然後還定不下來，有時候散亂，心跑了；有時候昏沉，睡着了，這樣修真的是很難成就的。所以我覺得在生活中修是最好的。尤其我們是修大圓滿的，太適合在生活、工作中修行了。處處變清淨，處處變圓滿，多好啊！處處都是清淨的，處處都是圓滿的，處處都在提起正念，處處都在修禪定。我們不是在那裡坐着修禪定，而是在行住坐臥中修禪定。

提起正念，保持正念，不就是禪定嗎！大家在日常的生活、工作中去落實，去累積，這樣成就特別快。否則，如果認為這個時候我修法，修完後就再不去想這些了，也不去落實這些，那修行與生活就脫節了。

生活中的六度波羅蜜

佛法和世間要結合，修行和生活要結合，在生活、工作當中修禪定，成就就快了，有一天不知不覺就成佛了。今天也許保持了幾分鐘，再過幾天就幾十分鐘、幾個小時，如果二十四小時都能這樣，不就成佛了嘛！

生活中的六度波羅蜜

# （六）生活中的智慧波羅蜜

智慧是善能辨別諸法。「諸法」指輪涅一切法，「輪」指輪迴，「涅」指涅槃，就是屬於輪迴與涅槃的一切法。智慧就是指善能辨別一切清淨與不清淨的法。在對境當中，我們自己應該能夠辨別。「辨別」也可以說是覺而不迷──一切法當中不迷惑，能夠保持一個覺悟的狀態。在清淨或不清淨的輪涅一切法，一切對境當中覺而不迷，這叫智慧。能辨別，也就是覺而不迷。

　　但是，這種智慧不是誰都有的，也不是輕易就可以覺悟的。我們應該懂得，六度都要有智慧的攝持，才能稱為「波羅蜜」。今天講智慧波羅蜜，主要強調智慧有智慧的攝持。「智慧有智慧的攝持」是什麼意思？若是沒有智慧的攝持，智慧也只能變成知識。

　　我們現在明白很多，也懂得挺多，這是否都是智慧呢？不一定。那什麼是真正的智慧？在佛法裡，無我和空性的見解是智慧，其餘的統統都是知識，不是智慧。你證悟了無我和空性，就是智慧。智慧只有兩種：

生活中的六度波羅蜜

無我的智慧和空性的智慧。若是你沒有真正證悟無我和空性，哪怕你懂的再多，掌握的再多，也都是知識，不是智慧，都是屬於世間的，都是輪迴的因，而不是解脫的因。只懂得一些理論，靠這些知識，靠表面上的修行，還是擺脫不了輪迴，最好的結果只能成就世間法，只能獲得世間的福報。

現在我們就要證悟無我、證悟空性。因為無我和空性才可以對治我執和法執，因為無我和空性與我執和法執是相違的、矛盾的——觀點上有矛盾，認識上有矛盾。這樣才可以推翻我們對自我的執着，對一切法的執着。正如經中所講，慈心和悲心這些善念只能壓住點煩惱，只能做到使煩惱暫時生不起來，不能從根本上解決問題。它們和我執、法執觀點上是不矛盾的，沒有衝突的，所以雖然也能對治煩惱，但是沒有辦法徹底解決。所以，大家要有無我和空性的智慧。

我們修布施、持戒、忍辱、精進、禪定，都要有

智慧的攝持。前面已經講過，若是有無我和空性智慧的攝持，這些善事才可以成為解脫的因，成佛的因。若是有大空性智慧的攝持，就可以成為成佛的因，所以稱為「布施波羅蜜」、「持戒波羅蜜」等。

第一，布施波羅蜜。上供下施，盡職盡責，奉獻付出，都屬於布施。有無我、空性智慧的攝持，在這樣覺悟的狀態下去做，特別理性地去做，有智慧地去做，才可以成為解脫的因，成佛的因，否則就不能，大家要明白。「我在上供，我在下施，我在做功德，我成佛沒有問題吧？」是，但是你還要觀察，裡面有沒有智慧的成分，這一切有沒有以智慧攝持，是不是真正的無我，把自我放下了。有智慧的攝持，是在覺悟的狀態下做的，具有智慧地去做，就是布施波羅蜜，那是菩提的因，是成佛的因。

第二，持戒波羅蜜。「我天天持戒，持居士五戒、八關齋戒，很嚴格地要求自己，我持戒持得這麼好，

生活中的六度波羅蜜

應該能成佛吧?」這點也要觀察, 是不是以智慧持戒。從佛法的角度講, 若是你不具備智慧, 若是你沒有覺悟, 那都是世間的因, 輪迴的因, 不是出世間的因, 不是解脫、成佛的因。雖然你持戒持得很精進, 但是你沒有智慧的攝持——若是沒有智慧, 功德肯定不會圓滿的; 若是沒有智慧, 雖然你在持戒, 但是不可能清淨。若是沒有智慧, 煩惱怎麼能清淨?

第三, 安忍波羅蜜。佛是什麼? 佛是覺悟, 是智慧。你想學佛、成佛, 就要學智慧, 要圓滿智慧。忍辱也一樣。修忍辱也要有智慧。若是沒有智慧, 忍是一種痛苦, 那樣憋着也行, 控制也行, 但不清淨。若是相續清淨, 不用特意去控制, 不可能憋得那麼難受, 而是一種非常輕鬆的狀態, 自然而然, 不是不生氣, 而是沒有什麼可生氣的, 這叫智慧, 也叫覺悟, 因為把一切都看破了。什麼叫看破? 看破就是看透, 你把世出世間的一切法都看透了, 看得透透的, 明明的, 心態自然就

放下了，本來就沒有什麼。

第四，精進波羅蜜。刻意地做，強迫地做，不叫精進，精進是特別歡喜地做。你看，這幾天我們在這裡聽法，有些人聽得法喜充滿，高興得根本沒法把嘴合上，這叫精進。你為什麼這麼高興？對道理明白了，了知了，通達了，所以就這樣了，這時才有喜悅，才有真正的快樂，因為通達了就有智慧了，這才是真正的精進波羅蜜。

第五，禪定波羅蜜。佛法中的禪定必須有智慧的攝持，它不僅僅是寂止，而是必須要和勝觀雙運。勝觀是智慧，就是剛才講的無我和空性的智慧。禪定必須和勝觀雙運，就是保持一體，慧中生定，定中有慧，定就是保持覺悟的狀態。保持一心，才是真正的禪定。

智慧波羅蜜也是如此。剛才講了，智慧就是善能辨別諸法，有分辨、取捨的能力。但是這個也要有無我、空性智慧的攝持，才是真正的智慧，否則，就不是真

正的智慧，不是「波羅蜜」，不是彼岸，更不是到達彼岸唯一的方法或因緣，只是世間普通的智慧。

對佛法，我們在詞句上懂的挺多，也明白很多，但是沒有拿來對治煩惱，對治習氣。我們給別人講的時候，都滔滔不絕，出口成章，但是煩惱依舊，習氣依舊，甚至貪心、嗔恨心、傲慢心、嫉妒心都增長了。越來越傲慢了，「我很了不起，因為我學的時間久，懂的道理多；我比你強，比你好，我是老居士，我是大護法。」然後在那裡誰都看不起，覺得別人都要聽自己的，認為自己是獨一無二的。這就是傲慢心。嫉妒心強的人，貪心和嗔恨心也肯定沒有減少。這樣的人，即使懂得再多也沒有用，因為沒有智慧。有的人雖然懂得不多，也不會講很多，但是特別能對治自己的煩惱，越學佛越快樂，這種人就是有智慧了。

修行的成就不是靠文憑，不是靠勢力。文憑再高，勢力再大也沒有用，也許還會成為修行上的一種障礙。

因為文憑高，勢力大的人也許會更傲慢。這種人很難調伏啊！現在很多人都認為如果有神通，修行會更精進。「我有神通多好啊，我可以通過神通修行。」若是這樣，你不是修，而是玩兒，是造業，那就完了。

為什麼說天界的眾生沒有解脫的機會，沒有學佛修行的殊勝機緣呢？因為天界眾生福報大，還有神通，只會享受福報。假如你有神通，像大自在天王一樣，認為整個世界都是自己創造的，在那裡自美，自樂，自傲，這樣很難度化。在人間也是，明星很難度，有錢有權的人更難度，是不是他們太笨了？不是，是因為他們太傲慢了，傲慢的鐵球上不沾功德水。有傲慢就沒有功德。所以，有文憑有什麼用？有知識有什麼用？懂得理論有什麼用？若是沒有對治自己的煩惱，沒有改變自己的相續，統統都不是佛法，因為佛法是對治煩惱，對治習氣的。無論你念的是什麼，無論你做的是什麼，若是你真正對治了煩惱，對治了習氣，

那就是佛法。

法門是無量無邊的，都可以成為佛法。對治你的煩惱了，對治你的習氣了，都是佛法；否則雖然你在嘴上念的是經，念的是咒，但統統都不是佛法，因為它沒有對治你的煩惱，沒有對治你的習氣。

沒有佛法就沒有智慧，因為佛法不離智慧。得一分佛法，肯定會得一分智慧，這是絕對的；得一分智慧，肯定會減少一分煩惱；減少一分煩惱，肯定能減輕一分痛苦，這是絕對的。所以說，佛法是解脫煩惱、解脫痛苦的唯一的方法。

「除了佛法，別的都不是解脫煩惱、痛苦的方法嗎？那其他宗派呢？」剛剛說了，若是對治了你的煩惱，對治了你的習氣，不分宗派，統統都是佛法；若是沒有對治你的煩惱，沒有對治你的習氣，統統都不是佛法。是不是佛法，以這個標準來衡量。

所謂的智慧波羅蜜，就是指智慧也要有智慧的攝

持，要有無我和空性的見解。那怎樣才能有這些見解，才會有這些智慧呢？最後真正開悟只有一個方法，即在《大圓滿前行引導文》裡，我們學加行時所講的「消業積福」。你自己去消業，自己去積福，最後通過上師的竅訣，才能獲得圓滿的智慧。其實，上師的竅訣是多種多樣的，不是必須要面對面去依止才能得到。你真正業障小了，福報圓滿了，相續成熟了，就會開悟。在什麼樣的環境中，以什麼樣的方式開悟不好說，因為都是不同的。瓜熟蒂落，到時候它不一定通過什麼樣的方式就掉到地上了。瓜已經成熟了，也許一刮風就掉到地上了，也許旁邊有人一過就掉到地上了，也許有人稍微一碰就掉下來了，哪種情況都有。

開悟也是一樣。也許在表面上你沒有和上師溝通，但在不知不覺中，你就開悟了；也許上師或善知識，突然和你說了幾句話，在瞬間簡簡單單的一種表示，你就開悟了；也許上師或善知識，叫你過來，坐在那，

給你念一個經或者給你一個竅訣，你就開悟了。什麼樣的情形都有。

現在一說竅訣，很多人就以為，必須要上師把口放在自己的耳邊，還得偷偷地說。有的人認為自己得到灌頂了，還得到了一百多種灌頂，別人問都是什麼灌頂，卻不知道。哪有這樣的灌頂？有些人到處求竅訣，「我得到竅訣了！」「怎麼得到的？」「上師給我偷偷念了，給我偷偷說了。」給竅訣還用偷偷說嗎？自己覺得得到竅訣了，卻不知道是什麼竅訣，這不是自欺欺人嗎？

其實，所謂的大圓滿竅訣、口訣，就是令你證悟空性，令你證悟大圓滿的方法。什麼樣的竅訣都有。到那個時候，不是必須要拿着那樣一個寶瓶給你灌頂，也不是必須要口對耳地給你念。你的相續成熟了，自然就開悟了——相續成熟是最重要的。

那怎樣才能相續成熟？消業積福是最重要的。自

己多去懺悔、消業，多去積福，積善根，積福德，積累資糧啊！成佛的資糧圓滿了，你能不成佛嗎？開悟的資糧圓滿了，你能不開悟嗎？就怕資糧不圓滿，沒有資糧！所以大家積累資糧吧！開悟，證悟，解脫，成佛都不難，相續成熟最難，因為需要過程，就好像瓜變熟有過程，瓜熟了自然而然地就落到地上了。現在，消業積福是最重要的。

業障小了，福報圓滿了，自然就證悟無我、證悟空性了。這時的證悟是真正的證悟，是現量的，是自己親身體會的，不是比量，不是通過邏輯明白的，不是通過推理掌握的，都是自己證悟的。那個時候就是「啞巴吃糖塊」，自己最清楚。這是自己內心的一種感受，不一定真能說出來，能說出來的就不是真理了。

現在我們通過修加行要達到這個境界。四外加行是基礎的基礎。四外加行沒有修好，連出離心都沒法生起來；若是出離心生不起來，皈依和發心都不可能

到位。

我們講皈依的時候講過，皈依有下士道的皈依，中士道的皈依，上士道的皈依。下士道的皈依是屬於世間的，是求世間福報的，它不需要出離心。中等的皈依和上等的皈依都需要出離心的基礎。中士道的皈依是對世間沒有貪着的，不貪戀世間，是日日夜夜，真心求解脫的。上士道的皈依是為了成佛而皈依，為眾生而皈依，就更需要出離心的基礎了。這兩個都需要出離心——出離心是基礎的基礎。

發菩提心更是如此，不用說發勝義諦的菩提心，即使發世俗諦的菩提心也要先有四無量心，四無量心的基礎就是出離心。以前我講加行的時候給大家仔細地講過，沒有出離心的基礎，無法生起四無量心；沒有四無量心的修法，無法生起願菩提心和行菩提心。現在說得都好聽，「慈悲心、菩提心……」這些學佛人，一張嘴就是這些。我慈悲，你也慈悲，他也慈悲……

都慈悲，都在修菩提心，好像都已經生起了菩提心。根本不可能！

如果沒有出離心，皈依都不能圓滿，而只能是下士道的皈依，是世間法。如果沒有出離心的基礎，根本無法做到中士道和上士道的皈依。發菩提心更是如此。如果沒有出離心的基礎，菩提心就更發不出來了，你看看，能發出來嗎？說的都容易，但是真正要發菩提心，是非常難的。所以出離心是基礎的基礎。

我們修四外加行就是為了生起出離心，出離心是皈依的基礎，發菩提心的基礎。你如法地皈依了，再如理如法地發菩提心，在這個基礎上再消業積福，消業積福也能達到圓滿；消業積福圓滿了，上師瑜伽也就圓滿了。若是上師瑜伽修成了，自心和法性就融為一體了。那時，你自己和上師就融為一體了——這個上師指法身。這裡不能將上師視為色身佛，而要視為法身佛。法身佛就是自性。那個時候，你就真正回歸

了自性，真正證悟了大圓滿。所以現在我們最重要的是修四外加行，這樣出離心才能生起來，然後如法地皈依，發菩提心，消業積福，最後能成就大圓滿。這些都要通過修行才能達到。

現在我們也可以先通過邏輯推理的方式，去證悟無我和空性的智慧，但是只能達到比量，不能達到現量。要達到現量，最後證悟，必須要消業積福。我們通過邏輯推理的方式，可以抉擇無我，可以抉擇空性。對無我、空性也能生起定解，但這是相似的定解，不是真正的定解，是比量所見，不是現量所見——儘管如此，這個也是必要的。

正行有它的前行，就是我們現在說的特加行。以前百日共修講特加行的時候講過，其實《定解寶燈論》裡也有這樣的問題：我們打坐修行的時候，是觀察修，還是安住修？有些教派注重觀察，就認為始終不能離開觀察修。還有些教派，比如寧瑪派裡有些修大圓滿

法的人，主張可以自然安住修。漢地也有很多修禪宗的人，也特別注重自然安住。那現在問的就是這個問題：應該是觀察修，還是安住修？麥彭仁波切回答的是：不是單獨的觀察修，也不是單獨的安住修，剛開始的時候觀察修，中間是觀察、安住輪流修，最後是安住修。先要觀察，先要了知，然後是邊安住邊觀察。只安住也不行，還不能離開觀察，因為還沒有真正生起定解的時候，不能離開觀察。有時候觀察，有時候安住，然後再觀察，再安住，就是輪流修。到最後的時候只有安住。因為已經生起了真正的定解，這個時候自然安住就OK了，不用觀察了，因為已經生起真正的定解了，內心不動搖了。所以，觀察也是很重要的。

我們消業積福，雖然還沒有生起真正的定解，也沒有真正的無我、空性的智慧，但是有相似的無我、空性的智慧，就以相似的無我、空性的智慧攝持，最後能達到真實的境界。這個也是需要的。剛才講的皈

依和發菩提心都是基礎，在這個基礎上消業積福。消業積福的時候，也要有無我、空性智慧的攝持。但此時我們也許沒有真正的定解，沒法生起真正的智慧，但是我們可以生起相似的定解，可以通過相似的智慧修持，最後能達到真實的境界，這也是需要的。

這個時候觀察，也有直接將一切萬法抉擇為遠離八邊的大空性的。比如說中觀應成派就是這種。無論是屬於精神的還是屬於物質的，他們將一切法直接抉擇為大空性，但他們是通過邏輯抉擇的——他們有很多邏輯。這樣也可以。

最好是一步一步觀察。就如我們以前在百日共修期間所講，按次第抉擇。龍樹菩薩說：「諸佛依二諦，為眾生說法。」一切法包括在勝義諦和世俗諦裡，這叫二諦。這個時候小乘、大乘都有不同的抉擇，也有各種不同的安立二諦的方法。二諦有暫時的，也有究竟的，今天先講究竟的。

小乘有部和經部認為，心的相續和粗大的物質都是世俗諦，極微塵和剎那心是勝義諦。他們也在抉擇無我，抉擇空性。所謂的「無我」，有時候只指人無我，有時候說的「無我」指人無我和法無我，和大空性沒有區別。所謂「空性」也有究竟的空性和暫時的空性，有小範圍的空性和整個大空性，二者是不同的。他們也在抉擇無我，抉擇空性，但是他們所抉擇的是大空性的一部分——粗物和相續，他們能將粗物和相續抉擇為空。

　　他們通過空間和時間來破粗物和相續。比如說柱子，將柱子分為東南西北上下，不斷地分就沒有了，最後把極微塵留下來了。心的相續是通過時間來破的。一年由十二個月組成，一個月由三十天組成，一天由二十四小時組成，一小時由六十分鐘組成，一分鐘由六十秒組成……就這樣分下去。聽起來也許太簡單了，其實本來就是這麼簡單。這都是世俗諦，他們想表明

這些都是虛假的。

他們最後為什麼將極微塵和剎那心留下來呢？他們將這些物質不斷地分下去，分到不能再分的時候，就把極微塵留下來了，因為他們不敢再往下分了，再分就沒有了。其實極微塵是不存在的，不用分就已經沒有了。如果一個物質存在的話，它肯定有方向，肯定有前後左右的分別。只要有方向，就可以分。極微塵沒有方向，沒有方向就不是物質，所以根本不存在。但是他們為什麼必須把極微塵留下來呢？因為他們認為世界的形成必須要靠物質，極微塵是形成物質的基礎，通過這個基礎最後形成物質世界。這個時候，他們沒有覺悟到心可以造作一切，也可以說一切都是由心顯現的，都是心的幻化和遊舞，唯識宗就講這個。

有部和經部悟不到這一層面，他們認為，物質肯定是存在的，在那邊；精神肯定是存在的，在這邊。但是粗大的物質是沒有的，相續是沒有的；而這個極

微塵和刹那心必須要有，由刹那心來組成心識——心的相續。很多連續不斷的刹那心叫心的相續，很多極微塵組成了物質。他們認為，物質要形成，必須靠物質，不可能由心顯現這一切。他們認為，物質在那邊，心在這邊。他們還有能取和所取的分別、執着。能取在這邊，心在這邊；所取境在那邊，物質在那邊。既然物質在那邊存在，就必須有自己組成的基礎。他們比唯識宗境界低，連物質都沒有抉擇為空，只能將粗大的物質抉擇為空。

唯識宗認為，物質是不存在的，心識也是不存在的，能取所取都是不存在的。因為二者是相對法，所取的境不存在，能取的心也不能存在。有部和經部最後承許極微塵是實成的，所以唯識宗要破極微塵。於是，唯識宗問有部和經部：你用極微塵組成粗物質的時候，是怎麼組成的？六個極微塵圍着中間的極微塵，這些極微塵和中間的極微塵有沒有碰到？若是沒有碰到，

生活中的六度波羅蜜

中間有縫隙，裡面還可以放極微塵。再放，再放，肯定有滿的時候。若是沒有滿的時候，須彌山也可以在兩個極微塵中間裝進去，有如此大的過患。若是碰到的時候沒有縫隙，極微塵就有方向了，就不是極微塵了。這樣，粗大的物質不存在了，極微塵也不存在了。所取境沒有了，能取心也就不能有了，因為二者是相對的，也是假的。但是萬法是怎麼顯現的？這個時候他們就建立了一個阿賴耶識——剎那心，也叫藏識。阿賴耶裡有很多種子，這些種子成熟的時候都顯現在外面，萬事萬物都是從剎那心當中顯現出來的，所以就是唯心所現，唯識所變。

大乘，尤其大圓滿法裡也講「唯心所現」，但是它和唯識宗有什麼差別呢？唯識宗把剎那心說成是實成的——事實存在的，不是空性的。大乘，尤其大圓滿法裡，也是講從阿賴耶識或是從剎那心中顯現出來的，但是這個心是空性的，不是實成的法。這是二者

的差別。

　中觀就破這個實成法，無論是精神還是物質，無論是粗物還是極微塵，無論是相續還是剎那心，都一樣要遮破。這個時候我們要明白實成的定義。實成的定義是什麼？它的特點有三個：恆常的，唯一的，獨立的——第一個是恆常不變的，第二個是唯一存在的，第三個是不依賴於他法，獨立存在的。

　這樣的一個實成法，世上沒有。若是有的話，都不能有，一切的都不能顯現。因為其一，它是恆常不變的。若是不變的話，這些怎麼能顯現呢？只有不斷的變化，才可以顯現這些；若是沒有變化，就不能顯現。不能變也就不能有；其二，它若是唯一存在的話，只能有它自己，不能有他法。有他法的話，就有相對了。我和他，自己和他，這不是有他法了嗎？這樣的話，它不是獨立，不是唯一存在，而是相對存在；其三，它是不依賴於他法獨立存在的，不能靠因緣。靠

因緣的話，它不是獨立存在，而是靠他法——因緣了。
若是沒有因緣的話，那就變成恆常了，都不能有。這
些內容都要自己仔細去想，去思維，去觀察。

　　沒有實成，就只有緣起了。一切都是緣起，不是
實成，所以都不是事實存在，都是空性。緣起是不空的，
是仍然可以存在的，緣起和空性是不矛盾的。現在剩
下的是緣起法，世上只有緣起法，沒有實成法了，只
有時時變化，剎那剎那變化，因緣和合的東西，沒有
實質性的東西。世上只有相對立的法，沒有唯一存在
的。若是明白了這一點，自然就看破了，自然就放下了。
什麼意思？一切顯現變化都是正常的，沒有不正常的。

　　我們現在是怎麼想的？我們的觀點和前述觀點是
矛盾的，我們都有我執、法執。

　　執着自我叫我執，也叫人我執。我們認為，昨天
的「我」也是今天的「我」，不知道「我」在剎那剎
那當中變，在剎那剎那當中生滅。我們認為這是「我」，

不知道「我」是五蘊的綜合體，是四大結合體，事實上根本沒有「我」。「我」是五蘊的綜合體，是五蘊集聚的東西。色、受、想、行、識一分開，就變成五個了，這裡沒有一個實實在在的「我」。這個「我」是我們以自己的分別心安立的。「我」是因緣和合的一個東西，根本不是一個實質性的東西。「我」就是五蘊的結合，四大的結合，我們就執着這個為「我」了。

　　法即這一切，也是一樣的道理，都是由很多物質組成的，也是在時時當中變化，在刹那當中變化、生滅，也是因緣和合的東西，根本沒有實質性。這樣，一切都應該看得自自然然。變化都是正常的，都在刹那刹那當中生滅，刹那刹那當中變化。其實這個刹那刹那當中生滅，就是沒有實實在在的生滅。如果有實實在在的生滅，就不能在一刹那當中又是生又是滅，二者是矛盾的。沒有實實在在的生滅，只有這樣的緣起，這樣的生滅。所以，一切變化都是很正常的，沒有什

麼大驚小怪的……沒有必要，一切都要看成是正常的。真的，一切變化都是很正常的。

好會變，壞也會變；好的景象會變，不好的景象也會變。就是要從中把握自己嘛。什麼叫把握自己？自己心裡明白，心裡有數：「雖然它變了，但是我的心不動，因為我早就有準備了。我知道它的變化是正常的，一切都是正常的。」

你看，它不是不依賴他法而獨立存在的，都是相對法。所以，我們必須要明白：有善就有惡，有好就有壞，沒有什麼大驚小怪的。「怎麼還有壞人呢？」肯定有壞人，因為有好人。「怎麼還有魔呢？」肯定有魔，因為有佛。你的心中有佛就肯定有魔。佛講，有佛就有魔，哪裡有吉祥，哪裡也有不吉祥。沒有什麼，一切都正常。有善，有惡，有愛，有恨，一切都很正常。我們往往喜歡善，討厭惡，其實惡也沒有什麼，這很正常。

有愛就有恨，沒有愛就沒有恨，剩下的就是大愛了。有樂就有苦，你執着樂，肯定有痛苦。因為它們是相對的，這叫相對法，緣起就是這樣。現在你的心要超越這些。超越的時候就是大樂。心如如不動了，那個時候你就會得到一種快樂，那叫大樂，那是超越的，是不可思議的。現在我們就是要修成大愛，要成就大樂。有小愛肯定有恨，有小樂（世間的快樂）就肯定有痛苦，這是正常的。

　　你自己要知道：好與壞，佛與魔，善與惡，一切都正常啊！他對我讚嘆，正常；他對我誹謗，正常。有讚嘆就肯定有誹謗。現在是心要超越——要看得清清楚楚，並且從中不動搖，不去執着這些，所以看一切都很正常，這樣，沒有不圓滿的。有人對着你笑，不要執着，正常；有人對着你瞪眼，跟你翻臉了，也正常。一切都是因緣和合的假相，都看成是正常。他這樣有他的因緣，他那樣也有他的因緣，所以都沒有

什麼。

比如說一個家庭有兩個兒子，一個兒子命運好，這是他的因緣；另一個兒子命運不好，這也是他的因緣，沒辦法。作為父母，盡量去幫助兒女就OK了。我們身邊的這些眾生也是，他順利與否，那是他的因緣。他比較善，有他的因緣；他比較惡，也有他的因緣。你認為：「他挺惡，他挺壞啊……」我們不應該這樣，因為他也是由煩惱牽引的，由業力牽引的，我們應該可憐他，應該慈悲他，而不應該恨他，因為他這樣都是有原因的啊！都是因緣和合的，沒有辦法。若是你真正能把一切看得正常，這就是證悟空性。

證悟空性不是什麼也沒有了。現在很多人都想：「證悟空性了，是不是就不用做課了？是不是就可以不吃飯了？」不是這樣的！證悟空性了，看一切都是自然的，看一切都很正常。這是真正的了了分明、如如不動啊！這個時候，一切外境都會隨着你的心動，這才是真正

的自在啊!

接下來講二諦。二諦有兩種,一個是現空二諦,一個是實現二諦。

現空二諦主要是顯宗,尤其是中觀所強調的。中觀的觀點是:無論清淨不清淨,一切顯現都是世俗諦;一切顯現的本體都是空性的,空性是勝義諦。麥彭仁波切講二諦的法相時講過,可以成為心名用三法之對境是世俗諦的法相,也就是可以用分別心來了知,可以用語言來表達的,可以用身體來實行的對境,都是世俗諦──用分別心了知的都是世俗諦,用語言表達的、形容的都是世俗諦,用身體來實行的這些對境都是世俗諦。然後,超越心名用對境的是勝義諦的法相,這是什麼意思?勝義諦即所謂的大空性:是超越的,不可以用分別心來了知。

佛法裡講的這些甚深的道理,不是通過我們的眼耳鼻舌身意可以了知的。現在有些科學家說:「極樂

生活中的六度波羅蜜

世界見不到啊！地獄看不到啊！」你用的望遠鏡再好，儀器再好，也是用肉眼看的嘛；你的思維和推理能力再厲害，也是分別心麼！極樂世界你能看得到嗎？地獄你能形容嗎？這都是以佛的智慧才能形容的，雖然這還是顯現上的東西，但也要靠佛的智慧才能真正了知。而那些更深的大空性、大光明、大圓滿的境界，你更無法衡量，判斷了。這裡說了，勝義諦——無我和空性的境界都是超越的，不是可以用分別心了知的，不是可以用語言來表達和形容的，不是可以用身體來實行、體會的。所以，佛法裡講的很多東西都是超越的。

剛才講的地獄還不是真正的超越。極樂世界分很多，也許那些下品的極樂世界也不是超越。但你靠這些儀器，靠你的思維也很難見到，這都要靠法眼和慧眼才能見到。有一個人特別想看看地獄，一位上師告訴他：「那你就多看《地藏經》，把《地藏經》學好了，就能看到地獄了。」是啊，法眼修出來了，就能

看到地獄了。地獄不是要靠肉眼來看的，想用肉眼看這種想法太幼稚了。如果你不靠望遠鏡，能看到月亮上的東西嗎？如果你不靠儀器，能看到太空裡的東西嗎？「我不靠儀器，我必須用肉眼看太空裡那些科學家們發現的東西。」這不是太幼稚了嘛！你現在的要求就是這樣。「哎呦，我要看到地獄！我要看到西方極樂世界！」行！你把《地藏經》念透了，把《阿彌陀經》念透了，就能看到了，念吧！佛講法眼，法通了就能見到地獄，也能見到極樂世界。「能看到嗎？」佛看到了。「不可能吧，我看不到。」你肯定看不到，因為你的法眼還沒有開，這都是超越的，是勝義諦。

麥彭仁波切所講的二諦的法相，現在看來特別符合顯宗裡講的，尤其是中觀裡講的二諦——現和空，一切顯現是世俗諦，空性是勝義諦。空性是不可以用分別心來了知的，是不可以用語言來表達、形容的，是不可以用肉體來實行的，所以它是超越的。

密宗裡講的是實現二諦，就是諸法實相和現相一致的，所有的能取所取都是勝義諦，諸法的實相和現相不一致的能取所取都是世俗諦。華智仁波切講的二諦的法相，和麥彭仁波切講的有所不同，但這二者並不矛盾。華智仁波切講的二諦的法相符合密宗裡講的二諦——從實現的角度來安立二諦。

　　華智仁波切所講的世俗諦的法相是什麼？迷亂心及對境是世俗諦。就是迷亂心和它的對境是不清淨的，都是世俗諦。諸法的實相和現相是不一致的，諸法的實相是清淨的，但顯現上是不清淨的。諸法本來是清淨的，但是我們看卻是不清淨的，這是實相和現相沒有一致。我們的能取所取是世俗諦，實相和現相不一致的能取所取都屬於世俗諦，我們現在的見聞覺知都是世俗諦，他是這樣講的。

　　密宗裡講一切實相是清淨的，而我們現在的現相是不清淨的，這是我們的業障，所以不清淨的這些是

世俗諦，清淨的是勝義諦。無論是現還是空，實相和現相一致的、統一的所有的能取、所取（能取是心，所取是境）都是勝義諦。佛菩薩看實相是清淨的，現相也是清淨的，所以他們的能取所取是一致的，佛菩薩的境界是勝義諦，是超越的。雖然是清淨的，而這些清淨的顯現是不可言，不可思，不可想的，都是超越的，超離心識的。你真正見到佛，見到本尊的時候，那是一種不可言喻，不可思議的境界。

現在有的人說：「我什麼時候才能觀出來？我什麼時候才能把神識送到阿彌陀佛的心間呢？」功夫到了，自然而然就能達到那種不可思議的境界了。「神識出去了，是不是再也不能回來啊？」用得着擔心這些嗎？這都是以我們自己的分別心去衡量的。最後的境界，密宗裡講的境界都是超越的。二諦就是這樣。

那麼，我們在日常的生活中怎麼運用這些義理？剛才講了，無論是上座還是下座，無論是在修法的時

候還是工作的時候都一樣，若是沒有證悟空性、無我的智慧，有因果、無常這些見解也可以，「哦，一切都是因果，一切都是無常。」這都是自己的因果，要怨就怨自己，要恨就恨自己。一切都是無常的，都會變的——好會變，沒有什麼可執着的；不好也會變，一切都會過去，不要太在意，心不動就行了。

若是有無我、空性的見解，一切都是自自然然的；若是有大光明的境界就更好了，一切都是清淨的，沒有不清淨的。這雖然是在顯宗中講的，但是這個境界非常高。處處都是好處，人人都是好人，事事都是好事，沒有不好的。不清淨的就是自己的心，不圓滿的就是自己的智慧。心清淨了一切清淨，智慧圓滿了一切圓滿。所以，大家若以一個覺悟的心態去面對這一切，不會有煩惱，不可能痛苦，只有快樂，只有幸福，什麼也不耽誤，一切圓滿，多好啊！

所以學佛人真的要有智慧，有正知正見，其他的

都沒有太大關係。若是沒有智慧，沒有正知正見，就是痛苦，就是煩惱！否則處處都是快樂，都是幸福。就看你自己有沒有正知正見，有沒有智慧。你是痛苦還是煩惱，是快樂還是幸福，主要看你自己。

一切境相清淨不清淨都是很自然的，一切顯現都是很正常的，所以，大家要以一個覺悟的心態去面對。自己讓自己快樂一點，幸福一點，這樣的人生才有意義。你整天煩惱痛苦，一天一天混日子，有什麼意義？我覺得所謂的學佛修行，就是以智慧，以正知正見給自己創造快樂，創造美好。處處快樂，處處圓滿，多好啊！一切觀清淨，一切觀圓滿，多好啊！沒有不圓滿，沒有煩惱，多好啊！你有大智慧了，一切都沒有不圓滿的，一切都是圓滿的。所以大家好好的活着吧，快快樂樂地活着吧！雖然一切無常，但活一天快樂一天，多好啊！為什麼非要去自尋煩惱，自找痛苦呢？

如果自己有修行，有智慧，不分環境，不分身份，

都一樣快樂，一樣幸福，一樣可以活在西方極樂世界，活在當下！活在現在！如果自己沒有佛法，沒有修行，不分身份，不分環境條件，也是一樣，只有煩惱，只有痛苦，就是活在地獄裡。所以都在於自己的心。

學佛要有智慧啊！真的，有智慧就快樂。不分環境，在山洞裡也快樂，在城市裡也快樂，無論是在地獄還是在天堂，在哪都一樣。不分身份，有權也行，沒權也行；有錢也行，沒錢也行。世間再好也好不到哪去，都是一樣的。什麼明星啊，富翁啊，我們也做過啊！在六道輪迴的過程中，我們也無數次地做過，大明星做過，大領導做過，大老板做過，神仙也做過，無數次地做過，將來也會做，阿賴耶識中還有很多種子呢！這都沒有什麼。這幾十年在世間，也許我們當不上明星，但是當明星有什麼好的？明星只有苦，只有煩惱——若是有修行，有智慧，就沒有煩惱，沒有痛苦；否則都同樣煩惱，同樣痛苦。